Hanna Jaacks

Weihnachts-plätzchen

FALKEN

VORWORT

Dieses Büchlein wurde mit besonderer Liebe und Sorgfalt zusammengestellt. Ich widme es meinen beiden kleinen Enkeltöchtern Anne Katrin und Inken, die in jedem Jahr zu Weihnachten mit mir Plätzchen backen.

Meine besten Rezepte, in mehr als 40 Jahren gesammelt und erprobt, habe ich hier für Sie ausgewählt. Sie umfassen sowohl Traditionelles als auch Neues.

Die Einteilung in drei Kapitel stellt zugleich die Reihenfolge dar, in der gebacken werden sollte: die würzigen Lebkuchen und Pfeffernüsse bereits in der zweiten Novemberhälfte, Anfang Dezember das ganze Eiweißgebäck und die mürben Butterplätzchen in den letzten Tagen vor dem Fest.

Auf die Angabe der Kalorien habe ich verzichtet: ich möchte uns allen den Appetit nicht verderben.

Wieviel Plätzchen jedes Rezept ergibt? Ich kann es Ihnen nicht sagen, da ich nicht weiß, wie dick der Teig ausgerollt wird, wie groß Ihre Ausstechformen und die Häufchen sind, die Sie zum Beispiel bei Makronen auf das Blech setzen.

Anstelle der Zubereitungszeit, die immer nur einen Teil der mit dem Backen verbundenen Arbeit in der Küche umfaßt, habe ich für Sie im Rezeptverzeichnis auf Seite 64 alle Plätzchen mit einem * versehen, deren Zubereitung nicht sehr arbeitsaufwendig ist. Durch andersfarbigen Druck sind dort all die Plätzchen gekennzeichnet, die für die Eigelb- oder Eiweißverwertung gedacht sind.

Ich hoffe, Ihnen mit diesem Buch Lust aufs Backen zu machen und wünsche Ihnen viel Spaß dabei, gutes Gelingen und guten Appetit.

INHALT

SELBSTGE-BACKENE KÖSTLICH-KEITEN

sind alle Jahre wieder die ersten Vorboten des nahenden Weihnachtsfestes. Noch vor dem ersten Advent stimmt uns der Duft von „Honig, Nuß und Mandelkern" und der vielen fremdartigen Gewürze aus fernen Ländern auf das schönste Fest des Jahres ein.

TIPS RUND UMS BACKEN

• Die in den Rezepten angegebenen **Backtemperaturen** und **-zeiten** sind Erfahrungswerte, die nicht für jeden Elektroherd zutreffen. Probieren Sie sie in Ihrem Backofen aus. **Achtung!** Bei **Umluftöfen** liegen die erforderlichen Temperaturen etwa 30° C unter denen für Öfen mit Ober- und Unterhitze.

• Ich schiebe das Blech stets auf der dritten **Einschubleiste** von unten in den Ofen. Die Plätzchen bleiben feucht und werden nicht so dunkel.

• Bei allen Rezepten habe ich angegeben, die Plätzchen in den **vorgeheizten Ofen** zu schieben. Sie können sie auch in den kalten Ofen geben, dann verlängert sich allerdings beim ersten Blech die Backzeit.

• Wenn ganze Teigplatten gebacken werden, z. B. bei den Honig-Mandel-Lebkuchen oder dem Berliner Brot, können Sie statt des Backblechs die **Fettfangschale** des Backofens benutzen. Der aufgehende Teig kann dann nicht über den Rand des Bleches laufen.

• Damit das **Backpapier** auf dem Blech haftet, streichen Sie vor dem Auslegen die Ränder und die Mitte des Blechs mit Öl ein. Das ist besonders dann wichtig, wenn Sie das ganze Blech mit Teig belegen. Sie können ihn dann auf dem Blech ausrollen. Legen Sie vorher ein feuchtes Tuch unter das Blech, damit es nicht verrutscht.

• **Backpapier** muß nicht nach jedem Backen ausgewechselt werden. Sie können es so lange benutzen, bis es braun wird.

• Möchten Sie **kein Backpapier** verwenden, fetten Sie die Bleche gut und bestäuben sie für das Backen von Lebkuchen und Braunen Kuchen zusätzlich mit Mehl.

• Alle runden Lebkuchen und Eiweißplätzchen können Sie auf **Backoblaten** backen. Die Oblaten werden vorher gespalten. Sie benötigen dann kein Backpapier. Auf Oblaten gesetzt, wird Gebäck von un-

ten nicht zu dunkel und hält sich länger frisch.

• **Elektrische Küchengeräte** und Rührhilfen sparen Zeit und Kraft. Wenn sie benutzt werden, muß das Fett für den Teig immer weich sein. Kneten Sie den Teig mit den Händen, dann sollte das Fett aus dem Kühlschrank kommen.

• Die meisten Teigsorten werden auf einem **bemehlten Backbrett** ausgerollt, nur einige wenige auf gemahlenen Mandeln und Nüssen. Mehlen Sie auch die Teigrolle leicht ein, aber verwenden Sie das Mehl stets sparsam, da das Gebäck sonst trocken wird.

• Tauchen Sie Ihre **Förmchen** vor dem Ausstechen in Mehl, bei Eiweißgebäck in Puderzucker.

• Alle **Teigsorten, die viele Gewürze enthalten**, sollten nicht sofort nach ihrer Zubereitung gebacken werden. Lassen Sie sie am besten über Nacht abgedeckt ruhen.

• Weihnachtsplätzchen sind immer **süß**. Wenn Sie es nicht so zuckrig lieben, können Sie entweder die Zuckermenge reduzieren oder den Guß weglassen. Bestreichen Sie das Gebäck dann vor dem Backen mit Milch oder leicht gezuckertem Eigelb.

• Es gibt zwei Möglichkei-

ten, **Haselnüsse und Mandeln zu rösten**: kleinere Mengen werden in einer trockenen Pfanne leicht angebräunt. Größere Mengen können Sie auf einem Blech im Ofen rösten. Dafür den Backofen auf 220° C vorheizen, das Blech mit den Nüssen hineinschieben und sie in 12 bis 15 Minuten bräunen. Abgekühlt können die Schalen abgerieben werden.

• Verwenden Sie zum Backen grundsätzlich **mittelgroße Eier** (Gewichtsklasse 3). Das ist besonders bei Eiweißgebäck (Seite 32 bis 45) wichtig. Enthält der Teig zuviel Eiweiß, laufen die Plätzchen beim Backen auseinander.

• Nehmen Sie keinen flüssigen **Honig**, sondern halbfesten. Wird er vor dem Verarbeiten erwärmt, darf es auch fester sein.

• Bewahren Sie mit **Schokoladenguß** überzogenes Gebäck immer kühl auf. Legen Sie die Plätzchen jedoch nicht in den Kühl- oder Gefrierschrank, der Guß würde sonst grau. Alle anderen Weihnachtsplätzchen eignen sich sehr gut zum Einfrieren.

• Plätzchen stets in **Blechdosen**, die gut schließen, aufbewahren. Benutzen Sie für jede Sorte eine eigene Dose. Das Gebäck nach dem völligen Erkalten sofort verpacken, und die Dosen möglichst an einen kühlen Ort stellen. Bei sehr mürben Gebäcksorten, wie zum Beispiel Vanillekipferl oder Heidesand, jeweils ein Blatt Pergamentpapier zwischen die einzelnen Lagen legen.

Eine Ausnahme bilden alle Lebkuchensorten. Lassen Sie sie nach dem Backen mindestens 1 Tag lang offen liegen, damit sie weich werden. Sie können sie auch in Steinguttöpfe schichten, die Sie mit einer Folie verschließen. Damit Lebkuchen in Dosen saftig bleiben, legen Sie die frische Schale einer Orange hinein; sobald sie trocken ist, wechseln Sie sie aus.

KUNTERBUNTE GLASUREN

Beim Glasieren und Verzieren von Lebkuchen und Plätzchen sollten Sie Ihrer Phantasie freien Lauf lassen. Sie können das Gebäck ganz bestreichen oder nur Teile davon glasieren. Sie können mit Zuckerguß aber auch Verzierungen spritzen. Füllen Sie ihn dazu in einen kleinen Plastikbeutel, und schneiden Sie die Spitze so fein wie möglich ab, so daß ein winziges Loch entsteht. Nun können Sie Linien ziehen, Punkte aufspritzen und sogar damit schreiben. Hier noch einige Tips zu den Glasuren:
• Der verwendete Puderzucker darf keine Klümpchen enthalten. Sieben Sie ihn vorher.
• Eiweiße stets von den Hagelschnüren befreien und nur das klare Eiweiß verwenden.
• Je dicker Sie die Glasur anrühren, desto stärker deckt sie.

• Alle glasierten Plätzchen dürfen erst dann verpackt werden, wenn der Guß ganz fest geworden ist. Wenn nicht anders angegeben, verrühren Sie die im folgenden genannten Zutaten jeweils zu einem glatten Guß.

Durchsichtige, weiße Glasur
6 EL Zucker zusammen mit 4 EL Wasser aufkochen lassen und sofort auf die Plätzchen streichen.

Weiße Glasuren
Einfacher Zuckerguß
150 g Puderzucker
3 EL heißes Wasser
Eiweiß-Zucker-Glasur
150 g Puderzucker
1 Eiweiß
1 TL zerlassene Butter
Eiweiß-Zitrone-Glasur
180 g Puderzucker
1 Eiweiß
1 TL Zitronensaft
Zitronenguß
200 g Puderzucker
Saft von ½ Zitrone

Aromatisierte Glasur
150 g Puderzucker
3 EL Rum oder Arrak

Rosa Glasur
150 g Puderzucker
3 EL dunkelroter Fruchtsaft (am besten von schwarzen Johannisbeeren)

Gelbe Glasur
150 g Puderzucker
3 EL heißes Wasser
2 Msp. Safranpulver

Mokkafarbene Glasur
200 g Puderzucker
1 EL Nescafé
4 EL heißes Wasser

Schokoladenbraune Glasuren
Kakaoglasur
25 g zerlassenes Palmin
200 g Puderzucker
3 EL Kakao (30 g)
etwas heißes Wasser
Schoko-Sahne-Glasur
100 g Schokolade mit etwas süßer Sahne oder Milch im Wasserbad schmelzen.
Kuvertüre
Schokoladenkuvertüre zerkleinern und bei etwa 50° C im Wasserbad schmelzen. Der Guß wird besonders glänzend, wenn man ihn abkühlen läßt und ihn dann ein zweites Mal erwärmt.

Gewürze in der Weihnachtsbackstube

Alle Gewürze sind nur begrenzt haltbar. Ihr Aroma verfliegt schneller, wenn sie gemahlen sind. Bewahren Sie Gewürze deshalb stets in gut schließenden und lichtundurchlässigen Behältern auf.

Anis (1)
(süßer Kümmel)
Die getrockneten, graubraunen Samenkörner der Anispflanze sind eines der ältesten Gewürze.
Der beste Anis kommt heute aus Spanien, Italien, Bulgarien und Rußland. Er wird ganz oder fein gemahlen angeboten und hat ein süßlich-herbes Aroma.

Ingwer (2)
(Imber, Ingber)
Verwendet werden die knolligen Wurzeln der schilfartigen Ingwerpflanze aus der Familie der Gewürzlilien. Sie sind frisch, getrocknet, kandiert und in Sirup eingelegt, im ganzen und gemahlen erhältlich.

Ingwer schmeckt scharfwürzig und wird hauptsächlich in Indien, Nigeria, Indochina, China und Japan angebaut.

Kardamom (3)
(Cardamom)
Verwendet werden die Samen aus den Fruchtkapseln des Kardamomstrauches, der hauptsächlich in Indien und Guatemala angebaut wird.
Kardamom schmeckt aromatisch-scharf, leicht kampferartig. Er ist vorwiegend fein gemahlen erhältlich.

Muskatblüte (4)
(Macis, Macisblüte)
Der fleischige rote Samenmantel der Muskatnuß, nicht die Blüte(!), wird getrocknet und kommt bei uns unter der Bezeichnung „Muskatblüte" in den Handel. Das Aroma ist feiner und milder als das der Muskatnuß. Beide stammen vom Muskatbaum,

der hauptsächlich in Indien, Westindien und auf den indonesischen Inseln angebaut wird.
Macis ist ganz oder gemahlen erhältlich.

Muskatnuß (5)
(Bandanuß, Suppennuß)
Die getrockneten Samenkerne des Muskatbaumes sind eiförmig bis rund, wobei die fast kugeligen Nüsse das feinste Aroma haben. Frisch gemahlen entfalten sie ihren würzig-scharfen, leicht bitteren Geschmack am besten. Kaufen Sie bevorzugt ganze Nüsse, und reiben oder mahlen Sie sie jeweils frisch.

Nelken (6)
(Gewürznelken)
Die getrockneten Blütenknospen des Nelkenbaumes kommen von den ostafrikanischen Inseln Madagaskar und den Comoren. Das in den Nelkenknospen enthaltene Öl verleiht

den Nelken ihr unverwechselbares, stark würziges, feuriges Aroma. Sie werden im ganzen oder gemahlen angeboten.

Piment (7)
(Nelkenpfeffer, Jamaikapfeffer, Allgewürz)
Verwendet werden die unreif geernteten, getrockneten Beeren des immergrünen Pimentbaumes, der in Südamerika kultiviert wird. Die beste Qualität besitzt Piment aus Jamaika. Das Gewürz schmeckt ein bißchen wie Pfeffer, Nelken, Zimt und Muskat zugleich.

Safran (8)
(Suppengelb, gelbe Würze)
Als Gewürz verwendet man die Blütennarben des Safrankrokus. Da sie in mühevoller Handarbeit geerntet werden, ist Safran noch heute das teuerste Gewürz der Welt.
Schon kleinste Mengen des zartbitter und leicht süß schmeckenden Ge-

würzes reichen aus, um Speisen intensiv gelb zu färben. Safran wird hauptsächlich aus Spanien, Südfrankreich und dem Iran importiert.

Vanille (9)
Die „Königin der Gewürze" stammt von einer Kletterpflanze aus der Familie der Orchideen. Erst nach dem Fermentieren und Trocknen entfaltet sich das feine liebliche Aroma, das sich größtenteils in der Schote und nicht im Mark befindet.
Vanille wird hauptsächlich in Mexiko, auf Madagaskar, Réunion (Bourbon) und den Comoren angebaut und kommt als Schote oder Stange und gemahlen in den Handel. Echten Vanillezucker erkennt man an kleinen schwarzen Pünktchen. Vanillinzucker wird mit künstlichem Aroma hergestellt.

Zimt (10) und Kanehl (11)
Beide Gewürze stammen vom Zimtbaum, einem immergrünen Lorbeergewächs. Verwendet werden die von der Außenborke befreiten, getrockneten inneren Rinden junger Stämme und Zweige.
Aus Ceylon kommt die feinste und aromatischste Sorte, der Kanehl. Er wird nur als Stangenzimt angeboten, während der etwas dunklere Zimt meist gemahlen in den Handel gelangt. Er wird aus Indonesien und China importiert. Das kräftige, würzige und leicht herb-süße Aroma beider Gewürze stammt vom Zimtöl.

Lebkuchengewürz (12)
Es ist eine Mischung aus Zimt, Muskat, Muskatblüte, Kardamom und Ingwer. Zusätzlich kann es Nelken, Koriander, Fenchel, Sternanis, Orangen- und Zitronenschale enthalten.

SCHON IN DER ZWEITEN NOVEMBER-HÄLFTE,

noch bevor das erste Adventlicht brennt, wird all das gebacken, was Zeit braucht, um weich zu werden und sein Aroma zu entfalten. Es sind die Lebkuchen und Pfeffernüsse, die aus wohlschmeckenden Zutaten und edlen Gewürzen hergestellt werden.

(Honig-Mandel-Lebkuchen, Rezept S. 14)

Honig-Mandel-Lebkuchen

Ruhezeit: mind. 10 Std.
Backofen auf 180° C vorheizen
Backzeit: 30–40 Min.

Für den Teig:
500 g Honig
250 g Zucker
15 g Pottasche
1 Likörglas Kirschgeist
oder Rum
250 g abgezogene, grob
gehackte Mandeln
100 g gewürfeltes Zitronat
100 g gewürfeltes Orangeat
abgeriebene Schale von je
1 unbehandelten Zitrone und
Orange
1 Prise Salz
2 EL Zimt
1 TL gemahlene Nelken
1 Msp. gemahlene Muskat-
blüte
625 g Mehl

Für den Guß:
200 g Puderzucker
Saft von 1/2 Zitrone

Für die Verzierung:
kandierte Kirschen
abgezogene Mandeln

1. Den Honig und den Zucker in einem Topf unter Rühren aufkochen, dann abkühlen lassen und in eine Schüssel geben.
2. Die Pottasche im Kirschgeist oder im Rum vollständig auflösen und unter die noch flüssige Honigmasse rühren.
3. Mandeln, Zitronat, Orangeat, Zitronen- und Orangenschale, Salz, Zimt, Nelken und Muskatblüte hinzufügen.
4. Zuletzt das Mehl daruntermischen. Wird der Teig zum Rühren zu fest, ihn auf ein bemehltes Backbrett geben und gut durchkneten. Den Teig abgedeckt über Nacht an einem mäßig warmen Ort ruhen lassen.
5. Am nächsten Tag ein Backblech mit Backpapier auslegen. Den Teig in Blechgröße ausrollen, auf das Blech oder die Fettfangschale legen und 30 bis 40 Minuten backen.
6. Den Puderzucker und den Zitronensaft zu einem glatten Guß verrühren. Den noch heißen Lebkuchen in Quadrate schneiden, mit dem Guß bestreichen und mit halbierten Kirschen sowie mit Mandelhälften verzieren.
(auf dem Foto S. 12 und auf dem Foto rechts: oben)

┌─ FEINSCHMECKER-TIP ─┐

● Schon vor dem Backen kann der ausgerollte Teig auf dem Blech mit einem Messer in nicht zu große Rechtecke eingeteilt und mit Mandeln und kandierten Kirschen belegt werden.

Bamberger Lebkuchen
(Eigelbverwertung)

Backofen auf 175° C vorheizen
Backzeit: 20–25 Min.

Für den Teig:
125 g abgezogene Mandeln
6 Eigelb
250 g Zucker
100 g gewürfeltes Zitronat
abgeriebene Schale von
1 unbehandelten Zitrone
250 g Mehl
1 TL Backpulver
Oblaten

Außerdem:
200 g Puderzucker
Saft von 1/2 Zitrone
einige Mandeln

1. Die Mandeln in einer trockenen Pfanne anrösten und fein hacken.
2. Eigelbe und Zucker cremig rühren. Mandeln, Zitronat und Zitronenschale daruntermischen.
3. Das Ganze mit Mehl und Backpulver zu einem glatten Teig verarbeiten und ihn dick auf die Oblaten streichen.
4. Die Lebkuchen auf ein Blech legen und 20 bis 25 Minuten backen.
5. Puderzucker und Zitronensaft verrühren. Die noch heißen Lebkuchen mit dem Guß bestreichen und mit Mandelhälften verzieren.
(auf dem Foto rechts: unten)

ENGLISCHE PFEFFERNÜSSE MIT INGWER

Kühlzeit: mind. 1 Std.
Backofen auf 180° C vorheizen
Backzeit: ca. 10 Min.

Für den Teig:

130 g Butter
2 Eier
250 g brauner Zucker
200 g Honig
100 g kandierter, fein
gewürfelter Ingwer
100 g gewürfeltes Zitronat
100 g gewürfeltes Orangeat
1 Prise Salz
1 Prise geriebene Muskatnuß
1 TL Ingwerpulver
1 TL Zimt
½ TL gemahlene Nelken
100 g gemahlene Haselnüsse
500 g Mehl
1½ Päckchen Backpulver

Für den Guß:

200 g Puderzucker
3 EL Saft von schwarzen Johannisbeeren oder ein anderer
dunkelroter Fruchtsaft

Für die Verzierung:

100 g ganze Haselnüsse

1. Die Butter leicht erwärmen, in eine Schüssel ge-
ben und mit Eiern und Zuk-
ker gut verrühren.
2. Den leicht erwärmten
Honig in die Masse geben
und zusammen mit Ing-
wer, Zitronat, Orangeat,
Salz und den Gewürzen
verrühren.

3. Haselnüsse, Mehl und
Backpulver mischen und
mit der Honigmasse sorg-
fältig verkneten. Den Teig
für mindestens 1 Stunde
kalt stellen.
4. Ein Backblech mit
Backpapier auslegen. Den
Teig ½ cm dick ausrollen,
mit einem Ausstecher Her-
zen ausstechen und auf
das Blech legen. Die Plätzchen etwa 10 Minuten
backen.
5. Den Puderzucker mit
dem Saft zu einem glatten
rosa Guß verrühren. Die
noch heißen Plätzchen da-
mit bestreichen und je-
weils eine ganze Haselnuß
darauf setzen.

GEFÜLLTE HONIGKUCHEN

Kühlzeit: mind. 1 Std.
Backofen auf 180° C vorheizen
Backzeit: 30–40 Min.

Für den Teig:

200 g Honig
75 g Butter oder Margarine
125 g Zucker
1 Ei
1 Prise Salz
1 EL Rum
2 TL Zimt
1/2 TL gemahlene Nelken
abgeriebene Schale von
1 unbehandelten Zitrone
400 g Mehl
1 gehäufter TL Backpulver

Für die Füllung:

100 g Honig
100 g geriebene bittere
Schokolade
250 g gemahlene Haselnüsse
2 EL Rum
200 g Rosinen

Für den Guß:

200 g Puderzucker
1 klares Eiweiß
Saft von 1/2 Zitrone

1. Honig, Fett und Zucker in einen Topf geben und bei schwacher Hitze unter Rühren erwärmen. Die dickflüssige Masse in eine Schüssel geben und mit Ei, Salz, Rum, den Gewürzen und der Zitronenschale verrühren.

2. Mehl und Backpulver mischen und mit der Honigmasse zu einem glatten Teig verkneten. Diesen abgedeckt für mindestens 1 Stunde kalt stellen.
3. Ein Backblech mit Backpapier auslegen. Den Teig in Blechgröße dünn ausrollen und halbieren. Eine der Teigplatten auf das Blech legen.
4. Für die Füllung den Honig erwärmen, bis er flüssig ist. Ihn etwas abkühlen lassen und dann Schokolade, Haselnüsse, Rum und Rosinen daruntermischen.
5. Die noch warme Masse auf die eine Teigplatte streichen und die zweite vorsichtig darauf legen. Das Ganze anschließend 30 bis 40 Minuten backen.
6. Für den Guß den Puderzucker mit Eiweiß und Zitronensaft verrühren. Den noch warmen Honigkuchen in Rechtecke schneiden und mit dem Guß bestreichen.
(auf dem Foto oben)

COBURGER SCHMÄTZCHEN

Backofen auf 180° C vorheizen
Backzeit: ca. 15 Min.

3 Eier
50 g halbfester Honig
750 g Zucker
2 TL Zimt
1 TL Lebkuchengewürz
1 TL Kakao
50 g gewürfeltes Zitronat
50 g gehackte Haselnüsse
500 g Mehl
2 TL Backpulver

1. Eier, Honig und Zucker gut miteinander verrühren. Gewürze, Kakao, Zitronat und Haselnüsse hinzufügen.
2. Mehl und Backpulver mischen, dazugeben und alles zu einem festen Teig verarbeiten. Ihn zunächst rühren, wenn er zu fest wird, kneten. Aus dem Teig fünfmarkstückgroße Rollen formen.
3. Ein Backblech mit Backpapier auslegen. Die Rollen in etwa 1/2 cm dicke Scheiben schneiden, die Plätzchen nicht zu dicht nebeneinander auf das Blech legen und etwa 15 Minuten backen.
(auf dem Foto unten)

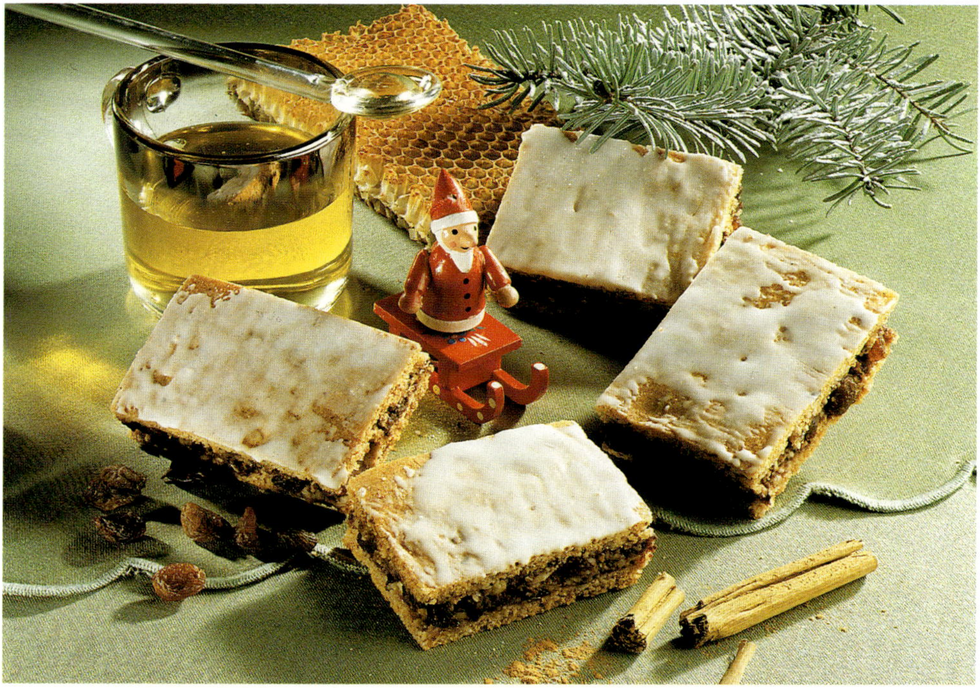

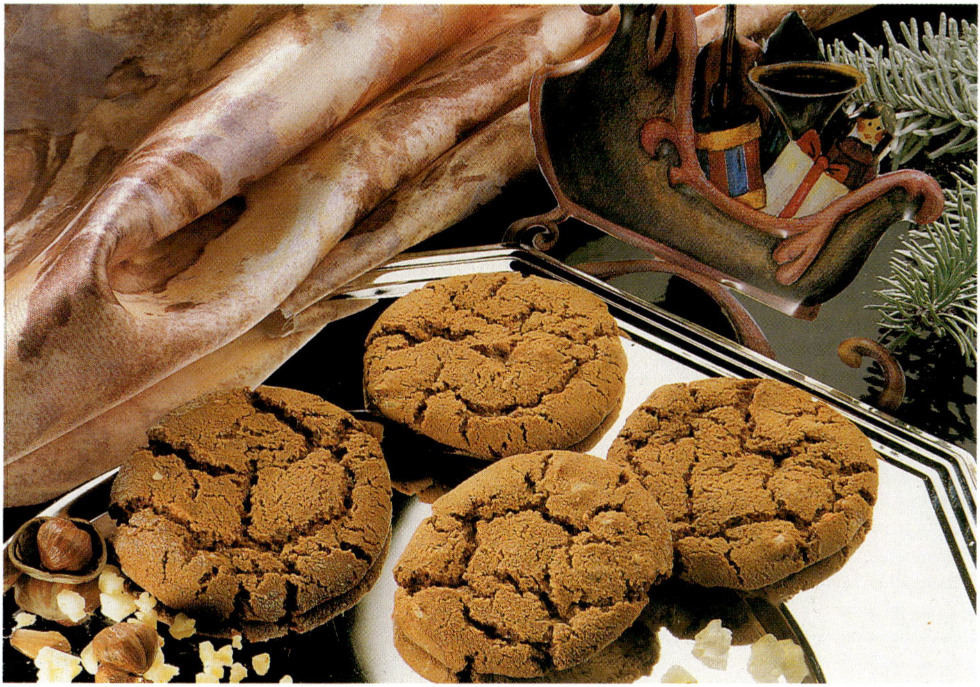

NÜRNBERGER LEBKUCHEN

Kühlzeit: mind. 10 Std.
Backofen auf 175° C vorheizen
Backzeit: 20–25 Min.

Für den Teig:

3 Eier

200 g Zucker

250 g halbfester Honig

3 TL Lebkuchengewürz

1 EL Zimt

1 Prise Salz

abgeriebene Schale von

1 unbehandelten Zitrone

100 g gewürfeltes Zitronat

100 g gewürfeltes Orangeat

300 g abgezogene grob gehackte Mandeln

200 g gemahlene Haselnüsse

knapp 1/8 l Milch

250 g Mehl

1/2 TL Backpulver

Oblaten

Für den Guß:

200 g Puderzucker

Saft von 1/2 Zitrone

Für die Verzierung:

einige kandierte Früchte

100 g abgezogene Mandeln

1. Eier und Zucker schaumig rühren. Honig, Gewürze, Salz, Zitronenschale, Zitronat, Orangeat, gehackte Mandeln, gemahlene Haselnüsse und Milch darunterrühren.
2. Mehl und Backpulver mischen, auf die Masse sieben und alles zu einem glatten Teig verkneten. Den Teig abgedeckt über Nacht kalt stellen.

3. Am nächsten Tag Teighäufchen auf die Oblaten geben und den Teig leicht verstreichen. Die Lebkuchen auf ein Blech legen und 20 bis 25 Minuten backen.
4. Puderzucker und Zitronensaft zu einem glatten Guß verrühren. Die noch heißen Lebkuchen damit bestreichen und mit kandierten Früchten und halbierten Mandeln verzieren.
(auf dem Foto: oben)

FEINSCHMECKER-TIP

• Wenn Sie die Nürnberger Lebkuchen nicht so süß mögen, verzichten Sie auf den Zuckerguß. Verzieren Sie die glattgestrichenen Teighäufchen vor dem Backen mit halbierten Kirschen oder Mandeln, und bestreichen Sie die Lebkuchen nach dem Backen mit klarem Eiweiß, solange sie noch heiß sind.
• Mandeln und Nüsse können im Mixer grob gehackt werden. Lassen Sie den Mixer aber nicht zu lange laufen. Die Mandeln sollten am Vortag abgezogen werden und ausgebreitet trocknen, sonst verkleben sie im Mixer.

BASLER LECKERLI

Kühlzeit: mind. 1 Std.
Backofen auf 200° C vorheizen
Backzeit: 15–20 Min.

Für den Teig:

500 g Honig, 200 g Zucker

60 g Margarine

100 g abgezogene gehackte Mandeln

50 g gewürfeltes Zitronat

50 g gewürfeltes Orangeat

abgeriebene Schale von

1 unbehandelten Zitrone

3 TL Lebkuchengewürz

500 g Mehl

1 Päckchen Backpulver

Außerdem:

180 g Puderzucker

1 klares Eiweiß

1 TL Zitronensaft

abgezogene Mandeln, Pinienkerne, kandierte Kirschen

1. Honig, Zucker und Fett unter Rühren kurz aufkochen und abkühlen lassen. Alle weiteren Teigzutaten hineinrühren und Mehl und Backpulver darunterkneten. Abgedeckt für mindestens 1 Stunde kalt stellen.
2. Ein Backblech mit Backpapier auslegen. Den Teig 4 mm dick ausrollen, zu Rechtecken (9 x 6 cm) ausradeln und 15 bis 20 Minuten backen.
3. Puderzucker, Eiweiß und Zitronensaft verrühren, auf die noch heißen Plätzchen streichen und sie verzieren.
(auf dem Foto: unten)

HELLE LEBKUCHEN

Kühlzeit: mind. 1 Std.
Backofen auf 180° C vorheizen
Backzeit: ca. ¼ Std.

375 g Honig
100 g Schmalz oder Margarine
50 g Zucker
1 TL Zimt
1 TL gemahlene Nelken
1 TL Kardamom
1 Prise geriebene Muskatnuß
1 Prise Salz
abgeriebene Schale von
1 unbehandelten Zitrone
1 Ei
625 g Mehl
1 Päckchen Backpulver

1. Honig, Fett und Zucker in einem Topf unter Rühren langsam erwärmen, bis sich der Zucker aufgelöst hat. Die Masse in eine Schüssel geben und abkühlen lassen.
2. Dann Gewürze, Salz, Zitronenschale und Ei darunterrühren.
3. Mehl und Backpulver mischen, auf die Honigmasse sieben und alles zu einem glatten Teig verkneten. Mindestens 1 Stunde, besser über Nacht, abgedeckt kalt stellen.
4. Ein Backblech mit Backpapier auslegen. Den Teig etwa 4 mm dick ausrollen und beliebige Formen ausstechen. Die Lebkuchen auf das Blech legen und etwa ¼ Stunde backen.
(auf dem Foto: oben)

— FEINSCHMECKER-TIP —

Der helle Lebkuchenteig ist auch für Knusperhäuschen geeignet. Lassen Sie Ihrer Phantasie nicht nur beim Ausstechen, sondern auch beim Glasieren und Verzieren freien Lauf (Rezepte für Glasuren finden Sie auf Seite 8). Mindestens einmal in der Adventszeit backe ich zusammen mit meiner kleinen Enkelin Anne Weihnachtsplätzchen. In diesem Jahr haben wir uns für Lebkuchenmänner aus hellem und dunklem Teig entschieden. Nach dem Ausstechen wurden sie mit Korinthen und Mandeln verziert, und wir banden jedem nach dem Backen eine rote Schleife um den Hals. Einige der Lebkuchenmänner haben wir zusammen mit Strohsternen an Tannen- und Kiefernzweige gehängt. Man konnte sie allerdings nicht mehr essen, weil wir ihre Rückseiten mit Klarlack bepinseln oder besprühen mußten, da sonst spätestens nach 2 Tagen nur noch die Köpfe an den Zweigen hängen würden.

DUNKLE LEBKUCHEN

Ruhezeit: ca. 10 Std.
Backofen auf 180° C vorheizen
Backzeit: ca. ¼ Std.

200 g Honig
50 g Schmalz oder Margarine
150 g Zucker
3 EL Kakao
1 TL Zimt
1 Prise gemahlene Nelken
1 Prise Kardamom
1 Prise Salz
abgeriebene Schale von
1 unbehandelten Zitrone
1 Ei
50 g ungeschälte gemahlene Mandeln
2 TL Pottasche
3 EL Kirschgeist oder Rum
375 g Mehl

1. Honig, Fett und Zucker unter Rühren leicht erwärmen. Alles gut abkühlen lassen.
2. Kakao, Gewürze, Salz, Zitronenschale, Ei und Mandeln darunterrühren.
3. Die Pottasche sorgfältig in Kirschgeist oder Rum auflösen und zusammen mit dem Mehl unter den Teig kneten. Abgedeckt über Nacht an einem warmen Ort ruhen lassen.
4. Am nächsten Tag ein Backblech mit Backpapier auslegen. Den Teig ½ cm dick ausrollen und beliebige Formen ausstechen. Die Lebkuchen auf das Blech legen und etwa ¼ Stunde backen.
(auf dem Foto: unten)

BERLINER BROT A LA OMA KNÜTTEL

Backofen auf 180° C vorheizen
Backzeit: 40–45 Min.

Für den Teig:

4 Eier

500 g brauner Zucker

5 EL Kakao, 1 TL Zimt

1 Msp. gemahlene Nelken

1 Prise Salz

100 g gewürfeltes Zitronat

100 g gewürfeltes Orangeat

abgeriebene Schale von

1 unbehandelten Zitrone

250 g Rosinen

375 g grob gehackte Haselnüsse

500 g Mehl

1 Päckchen Backpulver

Für den Guß:

dunkle Schokoladenkuvertüre

1. Eier und Zucker so lange rühren, bis sich der Zucker aufgelöst hat. Alle weiteren Teigzutaten, bis auf Mehl und Backpulver, hinzufügen. Beides mischen, dazugeben und alles gut verkneten.
2. Ein Backblech mit Backpapier auslegen. Den Teig in Blechgröße ausrollen, auf das Blech legen und 40 bis 45 Minuten backen. 5 bis 10 Minuten im ausgeschalteten Ofen stehen lassen.
3. Die Kuvertüre im Wasserbad schmelzen. Die Teigplatte noch warm damit bestreichen und sofort in Quadrate schneiden.
(auf dem Foto oben: links)

HAMBURGER BRAUNE KUCHEN

Ruhezeit: mehrere Tage
Backofen auf 200° C vorheizen
Backzeit: ca. 8 Min.

500 g Rübensirup

je 100 g Schmalz und Butter

80 g Zucker

125 g abgezogene, sehr fein gehackte Mandeln

50 g gewürfeltes Zitronat

50 g gewürfeltes Orangeat

abgeriebene Schale von

1 unbehandelten Zitrone

½ TL Zimt

½ TL gemahlene Nelken

1 Msp. Kardamom

1 Prise Salz

500 g Mehl, 1 TL Natron

1. Sirup, Schmalz, Butter und Zucker langsam in einem Topf unter Rühren erwärmen. Die dünnflüssige Masse in eine Schüssel geben und nacheinander alle Teigzutaten bis auf Mehl und Natron hinzufügen.
2. Mehl und Natron mischen und mit der Sirupmasse zu einem festen Teig verkneten. Ihn tüchtig durcharbeiten und abgedeckt an einem warmen Ort mehrere Tage ruhen lassen.
3. Ein Backblech mit Backpapier auslegen. Den Teig portionsweise sehr dünn ausrollen, Figuren ausstechen oder Rechtecke ausradeln, auf das Blech legen und etwa 8 Minuten backen.
(auf dem Foto oben: rechts)

SELENTER BRAUNE PLÄTZCHEN

Kühlzeit: mind. 10 Std.
Backofen auf 200° C vorheizen
Backzeit: ca. 8 Min.

250 g Rübensirup

500 g Butter

250 g Zucker

250 g abgezogene, sehr fein gehackte Mandeln

750 g Mehl

1 TL Natron

1. Sirup, Butter und Zucker in einem Topf unter Rühren langsam erwärmen. Abkühlen lassen, die Mandeln darunterrühren und alles in eine Schüssel geben.
2. Mehl und Natron mischen, unterkneten und alles gut durcharbeiten.
3. Aus dem Teig vier fünfmarkstückgroße Rollen formen, einzeln in Folie wickeln und über Nacht in den Kühlschrank legen.
4. Ein Backblech mit Backpapier auslegen. Die Rollen einzeln aus dem Kühlschrank nehmen und sofort mit einem scharfen Messer in dünne Scheiben schneiden.
5. Die Scheiben nicht zu dicht auf das Blech legen und 8 Minuten backen. Das Gebäck ist sehr mürbe und leicht zerbrechlich. In gut schließenden Blechdosen aufbewahren.
(auf dem Foto unten)

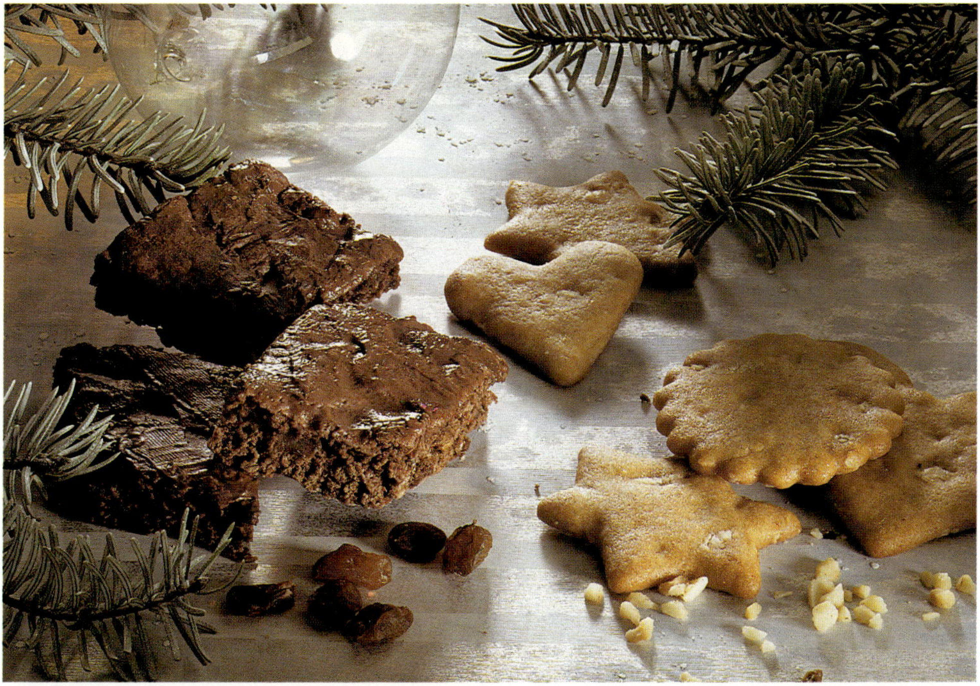

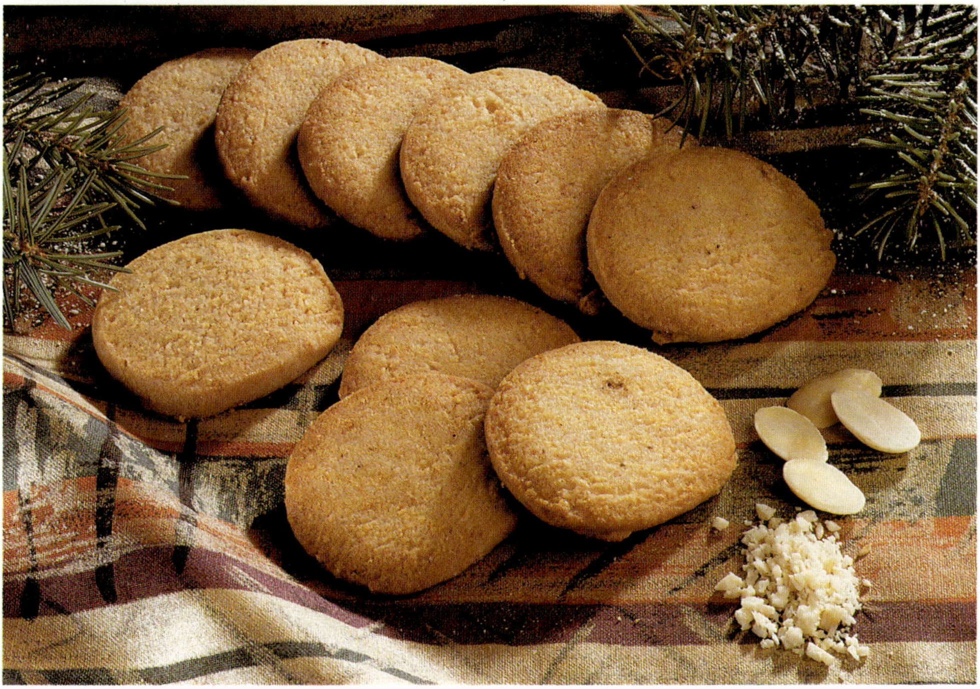

NÜRNBERGER ELISENLEBKUCHEN

Backofen auf 160˚C vorheizen
Backzeit: ca. ¹/₂ Std.

Für den Teig:

4 Eier
250 g Zucker
¹/₂ TL geriebene Muskatnuß
1 TL gemahlene Nelken
abgeriebene Schale von
1 unbehandelten Zitrone
4 Tropfen Bittermandelöl
1 EL Rum
250 g abgezogene gehackte Mandeln
250 g ungeschälte gemahlene Mandeln
250 g gewürfeltes Zitronat
Oblaten

Außerdem:

25 g Palmin
200 g Puderzucker
30 g Kakao
halbierte kandierte Kirschen
halbierte abgezogene Mandeln

1. Eier und Zucker schaumig rühren. Die Gewürze und Würzzutaten, die Mandeln sowie das Zitronat darunterrühren.

2. Den Teig fingerdick auf Oblaten streichen und die Lebkuchen etwa ¹/₂ Stunde backen.

3. Das Palmin zerlassen und mit Puderzucker, Kakao und eventuell etwas heißem Wasser verrühren. Die noch heißen Lebkuchen damit bestreichen und sofort mit Kirschen und Mandeln verzieren. *(auf dem Foto: links)*

WEISSE PFEFFERNÜSSE

Backofen auf 175° C vorheizen
Backzeit: ca. ¼ Std.

Für den Teig:

500 g Mehl

3 TL Backpulver

325 g Zucker

abgeriebene Schale von

1 unbehandelten Zitrone

1 EL Zimt

je 1 TL Kardamom-, Ingwer-
und Nelkenpulver

1 Prise Salz

2 Eier, 6 EL Milch

50 g abgezogene, gemahlene
Mandeln

50 g gewürfeltes Zitronat

Außerdem:

250 g Puderzucker

3–4 EL Zitronensaft oder Rum

bunte Zuckerperlen

1. Mehl und Backpulver
auf ein Backbrett sieben.
Alle weiteren Teigzutaten
hinzufügen und alles zu
einem glatten Teig ver-
kneten.
2. Den Teig zu Rollen formen, davon Scheiben ab-
schneiden und zu walnuß-
großen Kugeln drehen.
3. Ein Backblech mit
Backpapier auslegen, die
Kugeln darauf legen und
etwa ¼ Stunde backen.
4. Puderzucker mit Zitronensaft oder Rum verrüh-
ren, die noch heißen Pfeffernüsse damit bestrei-
chen und mit Zuckerperlen
bestreuen.
(auf dem Foto: rechts)

AACHENER PRINTEN

Backofen auf 180° C vorheizen
Backzeit: ca. ¼ Std.

Für den Teig:
150 g Honig
50 g Butter oder Margarine
70 g brauner Zucker
abgeriebene Schale von
½ unbehandelten Zitrone
½ TL Zimt
je 1 Msp. Kardamom, Anis
und gemahlene Nelken
1 Prise Salz
1 Ei
50 g gewürfeltes Zitronat
100 g Grümmel
(feiner brauner Kandis)
300 g Mehl, 3 TL Backpulver

Für die Glasur:
etwas Milch oder Kuvertüre

1. Honig, Fett und Zucker
unter Rühren erwärmen,
bis sich der Zucker aufgelöst hat. Abkühlen lassen.
2. Alle weiteren Zutaten
sowie die Hälfte des Mehls
unterrühren. Das restliche
Mehl mit dem Backpulver
mischen und unterkneten.
3. Ein Backblech mit
Backpapier auslegen. Den
Teig 3 mm dick ausrollen,
in Rechtecke (2 x 8 cm)
schneiden und auf das
Blech legen.
4. Die Printen entweder
dünn mit Milch bestrei-
chen und etwa ¼ Stunde
backen oder unbestrichen
backen und mit Kuvertüre
überziehen.
(auf dem Foto: links)

SPEKULATIUS

Kühlzeit: ca. 10 Std.
Backofen auf 200° C vorheizen
Backzeit: ca. 8 Min.

500 g Mehl
2 TL Backpulver
250 g Zucker
1 Päckchen Vanillezucker
2 Eier
1 TL Zimt
2 Msp. gemahlene Nelken
2 Msp. Kardamom
1 Prise Salz
abgeriebene Schale von
½ unbehandelten Zitrone
200 g kalte Butter oder
Margarine
100 g ungeschälte gemahlene
Mandeln

1. Mehl und Backpulver
auf ein Backbrett sieben.
In die Mitte eine Vertiefung
drücken und Zucker, Vanillezucker, Eier, Gewürze,
Salz und Zitronenschale
hineingeben. Mit einem
Teil des Mehls zu einem
dicken Brei verrühren.
2. Das Fett in Stückchen
auf den Mehlrand geben
und die Mandeln darüber-
streuen. Alles gut verkneten und den Teig abge-
deckt für mehrere Stun-
den, am besten über
Nacht, kalt stellen.
3. Ein Backblech mit
Backpapier auslegen. Den
Teig entweder in Holzmo-
dels drücken und heraus-
klopfen oder dünn ausrol-
len und Figuren ausste-
chen. Die Plätzchen auf

das Blech legen und etwa
8 Minuten backen.
(auf dem Foto: rechts)

FEINSCHMECKER-TIP

Spekulatiusteig herzu-
stellen ist kein großes
Problem. Sie aus alten
Holzmodels herauszu-
klopfen und unbeschä-
digt auf das Backblech
zu bringen, bedarf schon
einiger Routine. Je ge-
haltvoller der Teig ist, desto schwieriger wird es.
Man drückt kleine Teig-
stücke fest in die mit
Mehl ausgepuderten
Models, schneidet den
überstehenden Teig ab
und klopft die Plätzchen
vorsichtig heraus. Dann
legt man sie auf das
Blech.
In Fachgeschäften und
auf Weihnachtsmärkten
werden heute beschich-
tete Models angeboten,
die das Formen der
Spekulatius erleichtern.
Sollten Sie, ebenso wie
ich, nicht mit einer un-
endlichen Geduld ge-
segnet sein, dann rollen
Sie den Teig einfach
dünn aus und stechen
daraus mit Förmchen
hübsche Motive, bevor-
zugt Tierfiguren, aus.
Der Geschmack der fer-
tigen Spekulatius ist ga-
rantiert derselbe.

ANFANG DEZEMBER

wird für die Weihnachts-
plätzchen viel Schaum
geschlagen. Eiweißge-
bäck, zuckersüß und zart,
ist nun schon angesagt.
Zimtsterne, Haselnuß-
busserln und Makronen
gehören dazu. Kurzum
alles, was sich, in Blechdosen aufbewahrt, bis
zum Fest hält.

(Zimtsterne, Rezept S. 32)

ZIMTSTERNE

(Eiweißverwertung)

Backofen auf 160° C vorheizen
Backzeit: 20–25 Min.

Für den Teig:

8 Eiweiß

750 g Puderzucker

abgeriebene Schale und Saft
von 1 unbehandelten Zitrone

2 EL Zimt

750 g ungeschälte gemahlene
Mandeln

Zum Ausrollen:

100 g ungeschälte gemahlene
Mandeln

1. Die Eiweiße zu sehr steifem Schnee schlagen. Puderzucker, Zitronenschale und -saft hinzufügen und so lange rühren, bis eine feste Creme entsteht. Von dieser Masse eine Tasse voll für den Guß abnehmen und kalt stellen.
2. Den übrigen Eischnee mit Zimt und gemahlenen Mandeln mischen.
3. Ein Backbrett mit gemahlenen Mandeln bestreuen. Den Teig darauf schwach fingerdick ausrollen und Sterne ausstechen.
4. Ein Backblech mit Backpapier auslegen und die Sterne darauf verteilen. Den Guß mit einem Backpinsel sorgfältig auftragen und die Zimtsterne 20 bis 25 Minuten backen.
(auf dem Foto S. 30 und
auf dem Foto rechts: oben)

┌─ FEINSCHMECKER-TIP ─┐

Zimtsterne schmecken nicht nur einmalig, sondern sind auch sehr dekorativ. Backen Sie sie, sobald Ihre Lebkuchen fertig sind, denn dieses Rezept ergibt so viele Zimtsterne, daß sie bis Weihnachten reichen. Lassen Sie sich nicht dadurch verunsichern, daß der Teig zunächst recht feucht ist. Je feuchter er ist, desto besser schmecken die Zimtsterne.
Drücken Sie den Teig vor dem Ausrollen auf einem mit gemahlenen Mandeln bestreuten Backbrett mit den Händen flach. Streuen Sie gemahlene Mandeln darauf, und führen Sie die Teigrolle ganz leicht über den Teig. Tauchen Sie die Sternform vor dem Ausstechen in Puderzucker, damit der Teig nicht an ihr hängenbleibt. Beim zweiten Ausrollen ist der Teig schon trockener, weil die zusätzlich ausgestreuten Mandeln daruntergeknetet werden.

WIENER HASELNUSSBUSSERLN

(Eiweißverwertung)

Backofen auf 160° C vorheizen
Backzeit: 20–25 Min.

Für den Teig:

250 g feinkörniger Zucker

250 g gemahlene Haselnüsse

4 Eiweiß

Für die Verzierung:

ganze Haselnüsse

1. Zucker und gemahlene Haselnüsse mischen.
2. Die Eiweiße zu sehr steifem Schnee schlagen, die Zucker-Nuß-Mischung darunterrühren.
3. Ein Backblech mit Backpapier auslegen. Die Handflächen entweder einzuckern oder anfeuchten. Aus dem Teig zweimarkstückgroße Kugeln formen und auf das Blech legen.
4. In die Mitte jeder Kugel eine ganze Haselnuß drücken und die Busserln 20 bis 25 Minuten hell abbacken.
(auf dem Foto: unten)

┌─ FEINSCHMECKER-TIP ─┐

Fügen Sie dem Teig noch 150 g kleingewürfelten kandierten Ingwer hinzu, und „krönen" Sie die Busserln statt mit einer Nuß mit einem kleinen Stück kandiertem Ingwer.

KLEEBLATT-MAKRONEN

(Eiweißverwertung)

Backofen auf 150° C vorheizen
Backzeit: ca. ½ Std.

Für den Teig:
250 g abgezogene gemahlene Mandeln

250 g feiner Zucker

4 Eiweiß

1 TL Zitronensaft

Für die Verzierung:
25 g feine Mandelstifte

einige kandierte Früchte oder

1 EL rotes Gelee

1. Die Mandeln mit dem Zucker und Eiweiß in einem Topf bei schwacher Hitze unter Rühren so lange erwärmen, bis ein Kloß entsteht. Kalt werden lassen.
2. Die übrigen drei Eiweiße zu sehr steifem Schnee schlagen und zusammen mit dem Zitronensaft unter die Mandelmasse rühren.
3. Ein Backblech mit Backpapier auslegen. Mit angefeuchteten Händen aus dem Teig pfenniggroße Kugeln formen und je drei davon auf dem Blech zu einem Kleeblatt zusammensetzen.
4. In jede Kugel ein Mandelstiftchen stecken und in die Mitte des Kleeblatts ein kleines Stück kandierte Frucht oder ein Tüpfelchen Gelee geben. Etwa ½ Stunde backen.
(auf dem Foto oben)

ADVENTSSTERNE

Kühlzeit: ca. 1 Std.
Backofen auf 160° C vorheizen
Backzeit: 25–30 Min.

Für den Teig:
250 g Mehl

125 g kalte Margarine

100 g Zucker, 1 Prise Salz

1 Ei oder 1 Eigelb und

etwas Milch

abgeriebene Schale von

½ unbehandelten Zitrone

Für den Belag:
1 Eiweiß

80 g Zucker

80 g Kokosraspel

2 TL Zitronensaft

1–2 EL feste rote Marmelade

1. Mehl, Margarine, Zucker, Salz, Ei und die Hälfte der Zitronenschale rasch zu einem glatten Teig verkneten. Abgedeckt für etwa 1 Stunde kalt stellen.
2. Für den Belag das Eiweiß steif schlagen und Zucker, Kokosraspel, die restliche Zitronenschale und den Saft unterheben.
3. Ein Backblech mit Backpapier auslegen. Den Mürbeteig ausrollen, Sterne ausstechen und auf das Blech legen.
4. Die Kokosmasse in kleinen Häufchen auf die Sterne verteilen. Eine Vertiefung hineindrücken und sie mit Marmelade füllen. Die Sterne 25 Minuten backen.
(auf dem Foto unten: links)

GROSSMUTTERS KOKOSMAKRONEN

(Eiweißverwertung)

Backofen auf 160° C vorheizen
Backzeit: ca. 20 Min.

2 EL Wasser

4 Eiweiß

400 g Zucker

1 Päckchen Vanillezucker

50 g Butter oder Margarine

400 g Kokosraspel

75 g Mehl

75 g Speisestärke

½ Päckchen Backpulver

1. 2 Eßlöffel Wasser, die Eiweiße, Zucker und Vanillezucker in einem nicht zu kleinen Topf gut verrühren.
2. Fett und Kokosraspeln hinzufügen und das Ganze unter ständigem Rühren kurz köcheln lassen. Die Masse so lange abkühlen lassen, bis sie nur noch lauwarm ist.
3. Mehl, Stärkemehl und Backpulver auf die Kokosmasse sieben und darunterrühren.
4. Ein Backblech mit Backpapier auslegen. Mit zwei Teelöffeln kleine Häufchen auf das Blech setzen und sie 20 bis 25 Minuten backen. Die Makronen sollten hell bleiben.
(auf dem Foto unten: rechts)

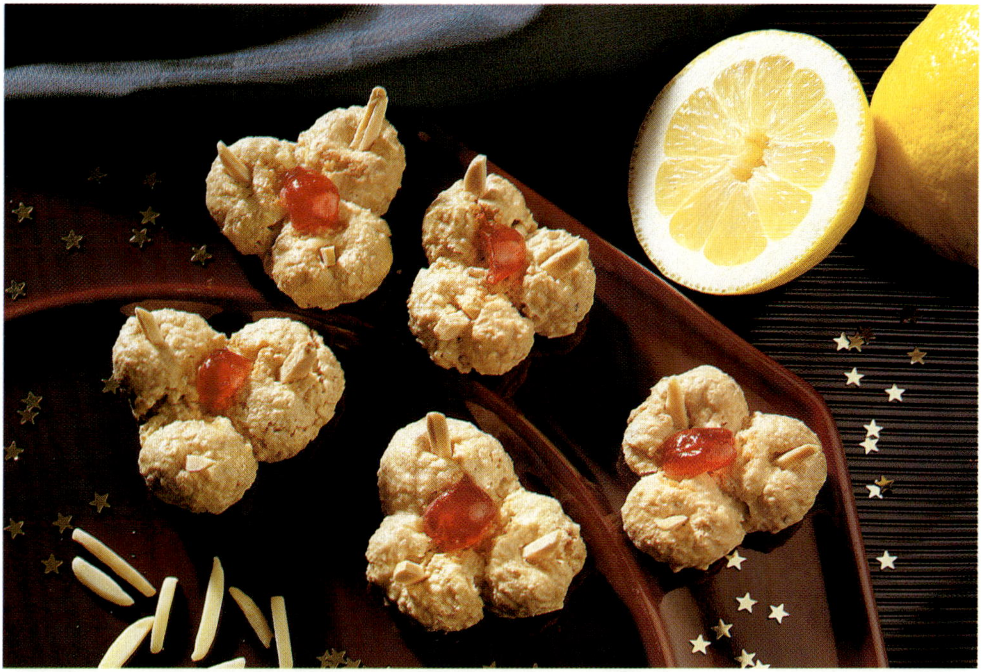

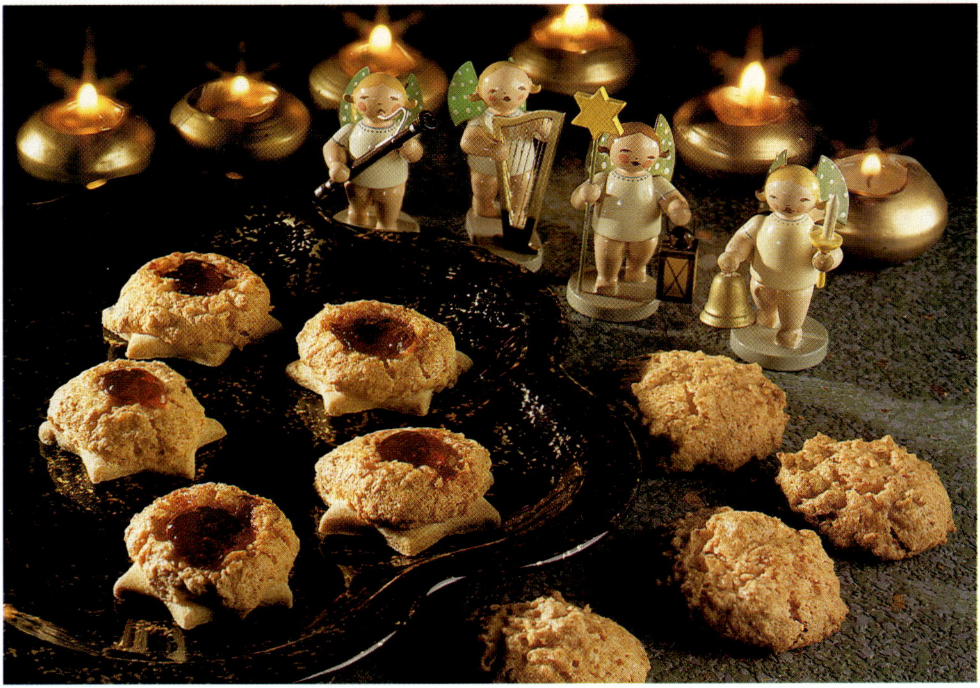

KOKOSMAKRONEN MIT SCHOKOLADE

(Eiweißverwertung)

Backofen auf 160° C vorheizen
Backzeit: 30–40 Min.

Für den Teig:

4 Eiweiß

1 Prise Salz

1 EL Zitronensaft

250 g Zucker

1 Päckchen Vanillezucker

250 g Kokosraspel

Oblaten

Für die Füllung:

100 g bittere Schokolade

etwas Milch

1. Die Eiweiße zusammen mit Salz und Zitronensaft zu sehr steifem Schnee schlagen. Zucker und Vanillezucker einrieseln lassen und zuletzt die Kokosraspel vorsichtig darunterheben.

2. Oblaten auf das Blech legen und Teighäufchen darauf setzen. Mit einem angefeuchteten Holzlöffelstiel jeweils eine kleine Vertiefung hineindrücken. Die Makronen 30 bis 40 Minuten backen.

3. Die Schokolade im Wasserbad schmelzen. Ist sie zu dickcremig, etwas Milch darunterrühren.

4. Die Schokolade in die Vertiefungen der noch heißen Makronen füllen, diese erkalten lassen und erst dann in gut schließenden Blechdosen verpacken.
(auf dem Foto: links)

MANDEL-ANANAS-MAKRONEN

(Eiweißverwertung)

Backofen auf 160° C vorheizen
Backzeit: ca. ½ Std.

Für den Teig:

3 Scheiben Ananas (Dose)

3 Eiweiß

150 g Zucker

375 g ungeschälte gemahlene Mandeln

1 EL Ananassaft

Für den Guß:

150 g Puderzucker

2 EL Ananassaft

Für die Verzierung:

kandierte Ananas, in kleinen Stücken

1. Die Ananasscheiben abtropfen lassen und in feine Stifte schneiden. Die Eiweiße zu sehr steifem Schnee schlagen, dabei den Zucker langsam einrieseln lassen.
2. Gemahlene Mandeln, Ananasstückchen und -saft darunterheben.
3. Ein Backblech mit Backpapier auslegen. Mit zwei Teelöffeln kleine Teighäufchen darauf setzen und sie etwa ½ Stunde backen.
4. Puderzucker und Ananassaft zu einem glatten Guß verrühren, die noch heißen Makronen damit bestreichen und mit kandierter Ananas verzieren.
(auf dem Foto: rechts)

SCHOKOLADEN-MAKRONEN

(Eiweißverwertung)

Backofen auf 150–160° C vorheizen
Backzeit: ca. 1/2 Std.

---

4 Eiweiß
125 g Zucker
1 Päckchen Vanillezucker
1 Prise Salz
250 g abgezogene gemahlene Mandeln
125 g geriebene bittere Schokolade

---

1. Die Eiweiße zu sehr steifem Schnee schlagen, dabei Zucker, Vanillezucker und Salz einrieseln lassen.
2. Mandeln und Schokolade vorsichtig unter den Eischnee heben.
3. Ein Backblech mit Backpapier auslegen. Den Teig mit angefeuchteten Händen zu Kugeln formen oder mit Hilfe zweier Teelöffel Häufchen auf das Blech setzen und etwa 1/2 Stunde backen.
(auf dem Foto: oben)

┌─ FEINSCHMECKER-TIP ─┐

Verwenden Sie grundsätzlich mittelgroße Eier für den Makronenteig. Enthält er zuviel Eiweiß, laufen die Makronen beim Backen auseinander.

└──────────────────┘

HAGEBUTTEN-MAKRONEN

(Eiweißverwertung)

Backofen auf 150–160° C vorheizen
Backzeit: ca. 1/2 Std.

---

2 Eiweiß
165 g Puderzucker
1 1/2 EL Hagebuttenmark oder Hagebuttenmarmelade
165 g abgezogene geriebene Mandeln

---

1. Die Eiweiße zusammen mit dem Zucker zu sehr steifem Schnee schlagen. 2 Eßlöffel davon abnehmen und kalt stellen. Den Rest mit Hagebuttenmark oder -marmelade und Mandeln verrühren.
2. Ein Backblech mit Backpapier auslegen. Mit zwei Teelöffeln Teighäufchen auf das Blech setzen.
3. Mit einem angefeuchteten Holzlöffelstiel eine kleine Vertiefung in jedes Plätzchen drücken. Etwas von dem zurückbehaltenen Eischnee hineingeben und die Makronen etwa 1/2 Stunde backen.
(auf dem Foto: Mitte)

WALNUSS-CROSSIS

Backofen auf 160° C vorheizen
Backzeit: ca. 25 Min.

---

2 Tassen Vollkornhaferflocken
3 EL weiche Butter oder Margarine
3 EL süße Sahne oder Kondensmilch
1 Prise Salz
1 Ei
3 EL Zucker
1 Tasse Rosinen
1 Tasse gehackte Walnüsse
1 TL Backpulver

---

1. Alle Zutaten in einer Schüssel miteinander mischen und verkneten.
2. Ein Backblech mit Backpapier auslegen. Mit zwei Teelöffeln Teighäufchen auf das Blech setzen und die Crossis etwa 25 Minuten backen.
(auf dem Foto: unten)

┌─ FEINSCHMECKER-TIP ─┐

Ein Rezept für all diejenigen, die eigentlich gar keine Zeit zum Backen haben. Die Zutaten müssen nicht einmal abgewogen werden. Das Resultat: lecker, zart und knusprig.

└──────────────────┘

HAFERFLOCKEN-MAKRONEN MIT BACKPFLAUMEN

Backofen auf 160° C vorheizen
Backzeit: ca. 25 Min.

250 g Margarine
100 g Zucker
1 Päckchen Vanillezucker
1 Prise Salz
3 Eier
½ TL Zimt
320 g Vollkornhaferflocken
100 g Mandelblättchen
250 g grobgewürfelte Back-pflaumen
1 TL Backpulver

1. Margarine, Zucker, Vanillezucker, Salz und Eier cremig rühren. Mit Zimt, Haferflocken, Mandelblättchen, Backpflaumen und Backpulver gut verrühren.
2. Ein Backblech mit Backpapier auslegen. Mit zwei Teelöffeln Teighäufchen auf das Blech setzen und sie etwa 25 Minuten backen.
(auf dem Foto oben)

HANNELES ZITRONEN-NUSS-HERZEN

(Eigelbverwertung)

Backofen auf 180° C vorheizen
Backzeit: ca. ¼ Std.

Für den Teig:

3 Eigelb
120 g Zucker
1 Päckchen Vanillezucker
abgeriebene Schale von
1 unbehandelten Zitrone
1 Msp. Backpulver
200–250 g gemahlene Hasel-nüsse

Zum Ausrollen:

50 g gemahlene Haselnüsse

Für den Guß:

200 g Puderzucker
Saft von ½ Zitrone

Für die Verzierung:

kandierte Kirschen

1. Die Eigelbe, Zucker und Vanillezucker zu einer dickcremigen Masse rühren. Zitronenschale, Backpulver und so viele gemahlene Haselnüsse darunterkneten, daß der Teig nicht zu feucht ist und sich ausrollen läßt.
2. Ein Backblech mit Backpapier auslegen. Den Teig auf gemahlenen Nüssen etwa ½ cm dick ausrollen und Herzen daraus ausstechen. Sie auf das Blech legen und etwa ¼ Stunde backen.

3. Für den Guß den Zucker mit so viel Zitronensaft verrühren, daß eine glatte, dickliche Masse entsteht. Die noch heißen Herzen damit bestreichen und jeweils eine geviertelte kandierte Kirsche in die Mitte setzen.
(auf dem Foto unten)

── FEINSCHMECKER-TIP ──

Wenn Sie zum Ausrollen keine gemahlenen Haselnüsse verwenden möchten, können Sie auch feinen Zucker nehmen. Die Plätzchen werden dann süßer.

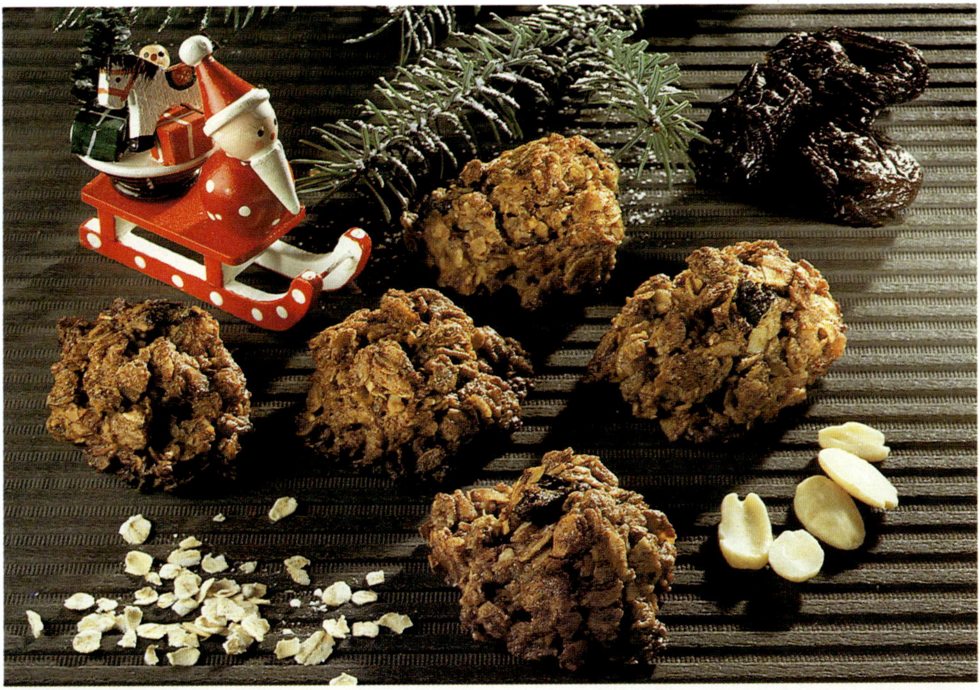

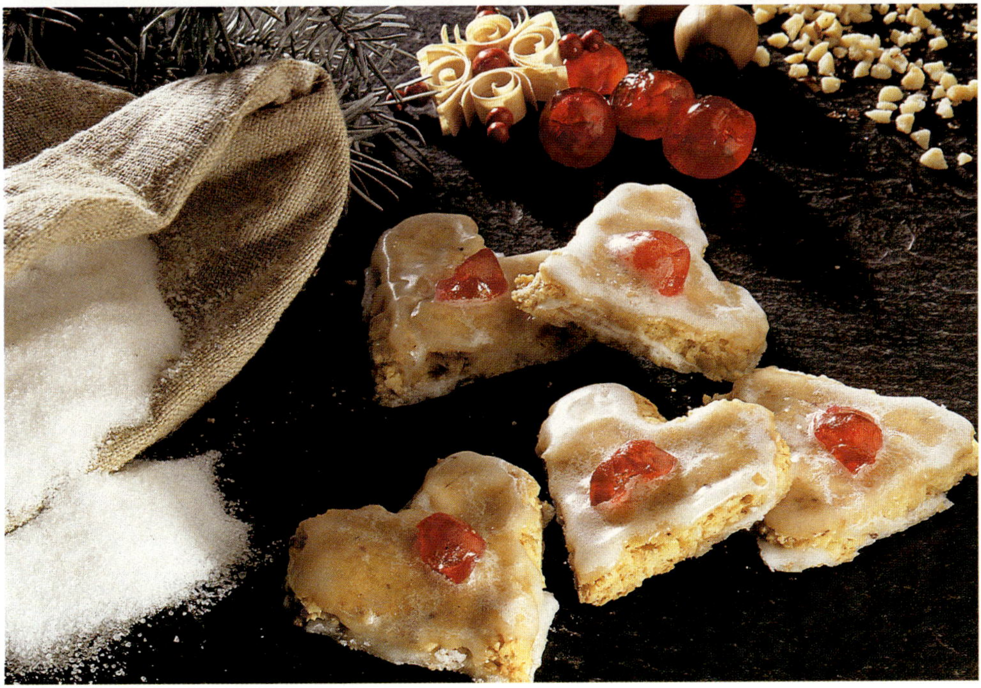

Mokka-Schoko-laden-Herzen

(Eiweißverwertung)

Kühlzeit: mind. 1 Std.
Backofen auf 200˚ C vorheizen
Backzeit: ca. 10 Min.

Für den Teig:
100 g Haselnüsse
150 g geriebene Schokolade
3 Eiweiß
150 g Zucker
1 TL Nescafépulver (Instant)
1 Päckchen Vanillezucker
1 Prise Salz
175 g Mehl
1/2 Päckchen Backpulver

Für den Guß:
25 g Palmin
200 g Puderzucker
30 g Kakao
30 g Kakao
1 TL Nescafépulver (Instant)

1. Haselnüsse in einer trockenen Pfanne rösten, abkühlen lassen und mahlen. Am besten abwechselnd die Schokolade mit den Nüssen in der Mandelmühle mahlen, dann verklebt sie nicht.
2. Die Eiweiße zu steifem Schnee schlagen, dabei den Zucker nach und nach einrieseln lassen. Nüsse, Schokolade, Nescafé, Vanillezucker und Salz unterrühren.
3. Zuletzt Mehl mit Backpulver mischen und unter die Masse kneten. Den Teig abgedeckt für mindestens 1 Stunde kalt stellen.
4. Ein Blech mit Backpapier auslegen. Den Teig 3 mm dick ausrollen, Herzen daraus ausstechen und sie auf das Blech legen. Die Plätzchen etwa 10 Minuten backen.
5. Für den Guß das Palmin erwärmen, bis es flüssig ist. Puderzucker, Kakao und Nescafé zusammen mit dem Palmin verrühren. Wenn der Guß zu dick ist, noch etwas heißes Wasser hinzufügen. Die noch heißen Herzen damit überziehen.

── Feinschmecker-Tip ──

Diese Mokka-Schokoladen-Herzen sind eine Köstlichkeit. Probieren Sie sie selbst, vielleicht backen Sie beim nächsten Mal gleich die doppelte Menge.
Wer Spaß am Verzieren hat, kann die Herzen noch zusätzlich weiß umranden. Man rührt Puderzucker mit etwas heißem Wasser glatt und füllt den Guß in den Zipfel eines kleinen Frischhaltebeutels. Nun die äußerste Spitze des Beutels abschneiden, so daß ein winziges Loch entsteht. Den Guß herausdrücken und in feinen Linien auf die Herzen spritzen.

MARZIPAN-MAKRONEN

(Eigelbverwertung)

Backofen auf 160° C vorheizen
Backzeit: 20–25 Min.

Für den Teig:

500 g Marzipanrohmasse
5 Eigelb
250 g Zucker
abgeriebene Schale von
1 unbehandelten Zitrone
1 Prise Zimt
etwas Puderzucker

Für die Verzierung:

einige abgezogene Mandeln
kandierte Kirschen

1. Die Marzipanmasse mit Eigelben, Zucker, Zitronenschale und Zimt mischen.
2. Ein Backblech mit Backpapier auslegen. Mit angefeuchteten Händen aus dem Teig markstückgroße Kugeln formen und auf das Blech legen.
3. Eine Gabel in Puderzucker tauchen und die Kugeln damit breitdrücken. Jede mit Mandelhälften oder geviertelten Kirschen verzieren. 20 bis 25 Minuten backen.
(auf dem Foto: oben)

─ FEINSCHMECKER-TIP ─

Sie können auch verschiedene Formen mit einer Teigspritze mit Sterntülle auf das Blech spritzen. Rühren Sie dann ein zusätzliches Eigelb in den Teig.

PAILLETTEN

(Eigelbverwertung)

Quellzeit: mind. 1 Std. besser über Nacht
Backofen auf 200° C vorheizen
Backzeit: ca. 12 Minuten

Für den Teig:

250 g Korinthen
2 Likörgläser Rum
250 g weiche Butter
4 Eigelb
250 g Zucker
Mark von 1 Vanilleschote
250–300 g Mehl

Für die Verzierung:

50 g Mandelblättchen

1. Die Korinthen mindestens 1 Stunde, besser über Nacht, im Rum quellen lassen.
2. Butter zusammen mit Eigelben und Zucker zu einer Creme verrühren. Dann die Korinthen, das Vanillemark und zuletzt so viel Mehl hinzugeben, daß ein fester Rührteig entsteht.
3. Ein Backblech mit Backpapier auslegen und mit zwei Teelöffeln in weiten Abständen Teighäufchen darauf setzen. Die Plätzchen mit Mandelblättchen bestreuen und etwa 12 Minuten backen, bis sie goldbraun sind.
(auf dem Foto: Mitte)

MOKKAPLÄTZCHEN

Backofen auf 180° C vorheizen
Backzeit: ca. ¼ Std.

Für den Teig:

250 g weiche Butter oder Margarine
180 g Zucker
1 Päckchen Vanillezucker
2 Eier
200 g Mehl
120 g gemahlene Haselnüsse
4 EL Nescafépulver (Instant)

Für den Guß:

200 g Puderzucker
1 EL Nescafépulver (Instant)

Für die Verzierung:

50 g Mokkabohnen

1. Butter, Zucker und Vanillezucker so lange rühren, bis der Zucker aufgelöst ist. Eier, Mehl, Haselnüsse und Nescafé hinzufügen und alles gut verrühren.
2. Ein Backblech mit Backpapier auslegen. Mit zwei Teelöffeln Häufchen nicht zu dicht nebeneinander auf das Blech setzen und etwa ¼ Stunde backen.
3. Den Puderzucker mit Nescafé und 3 bis 4 Eßlöffeln heißem Wasser zu einem dicken Guß verrühren und die noch heißen Plätzchen damit bestreichen. Jeweils eine Mokkabohne in die Mitte setzen.
(auf dem Foto: unten)

KURZ VOR DEM WEIHNACHTSFEST,

in der zweiten Dezemberhälfte entsteht Butterzartes und Knuspriges in der Weihnachtsküche. Mürbes Buttergebäck, ausgestochen, zu Kipferln geformt, aufeinandergesetzt oder gespritzt, kann notfalls noch am Tag vor dem Heiligen Abend gebacken werden.

(Butterplätzchen, Rezept S. 48)

BUTTERPLÄTZCHEN
(Eigelbverwertung)

Kühlzeit: mind. 1 Std.
Backofen auf 200° C vorheizen
Backzeit: 8–10 Min.

Für den Teig:

500 g Mehl

125 g Zucker

1 Prise Salz

7 Eigelb oder 3 Eier

Mark von 1 Vanilleschote

250 g kalte Butter

Zum Bestreichen:

1 Eigelb, etwas Vanillezucker

1. Mehl auf ein Backbrett sieben und in die Mitte eine Vertiefung drücken. Zucker, Salz, Eigelbe oder Eier und Vanillemark hineingeben. Mit einem Teil des Mehls zu einem dicken Brei verarbeiten.
2. Butter in Flöckchen auf den Mehlrand geben und alles rasch zu einem glatten Teig verkneten. Ihn abgedeckt für mindestens 1 Stunde kalt stellen.
3. Ein Backblech mit Backpapier auslegen. Zunächst die Hälfte des Teigs dünn ausrollen und beliebige Formen ausstechen. Anschließend die zweite Teighälfte verarbeiten.
4. Die Plätzchen auf das Blech legen. Das Eigelb mit etwas Vanillezucker verquirlen. Die Plätzchen damit bestreichen und 8 bis 10 Minuten backen.
(auf dem Foto S. 46 und auf dem Foto oben: links)

HEIDESAND

Kühlzeit: ca. 1 Std.
Backofen auf 200° C vorheizen
Backzeit: ca. 10 Min.

125 g Butter

200 g Mehl

1 TL Backpulver

125 g Zucker

1 Vanillezucker

1. Butter in einen Topf geben, bräunen und dann abkühlen lassen.
2. Mehl mit Backpulver, Zucker und Vanillezucker mischen und das noch lauwarme Fett darübergießen. Alles gut miteinander verkneten. Den Teig zu Rollen formen und für etwa 1 Stunde kalt stellen.
3. Ein Backblech mit Backpapier auslegen. Von den Teigrollen Scheiben abschneiden und zu glatten, walnußgroßen Kugeln drehen. Diese auf das Blech legen und etwa 10 Minuten backen, bis sie hellgelb sind. Die Plätzchen vorsichtig vom Blech heben, da sie sehr zerbrechlich sind.
(auf dem Foto oben: rechts)

ENGLISCHES BUTTERGEBÄCK

Kühlzeit: mind. 10 Std.
Backofen auf 180° C vorheizen
Backzeit: 15–20 Min.

500 g Mehl

350 g weiche Butter

300 g brauner Zucker

1 Prise Salz

1. Mehl, Butter, Zucker und Salz zu einem glatten Teig verkneten, zu Rollen formen (ca. 2 cm ø), diese einzeln in Folie wickeln und über Nacht in den Kühlschrank legen.
2. Am nächsten Tag ein Backblech mit Backpapier auslegen. Die Rollen in 2 cm dicke Scheiben schneiden und auf das Blech legen.
3. Jedes Plätzchen in der Mitte mit dem Daumen leicht eindrücken. Das Gebäck 15 bis 20 Minuten backen.
(auf den Foto unten)

┌─ FEINSCHMECKER-TIP ─┐

Dieses Gebäck wird in England "short bread" genannt, weil der Teig sehr „kurz" ist, das bedeutet mürbe und kroß. Man kann den Teig auch dick ausrollen und in fingerlange Streifen schneiden. Diese heißen in England "short bread fingers".

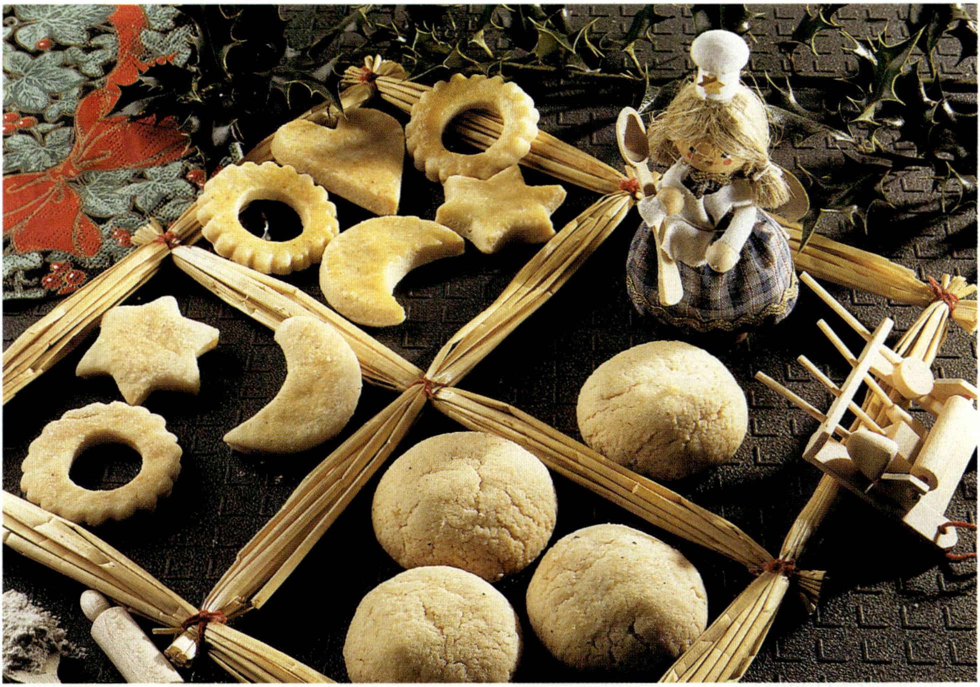

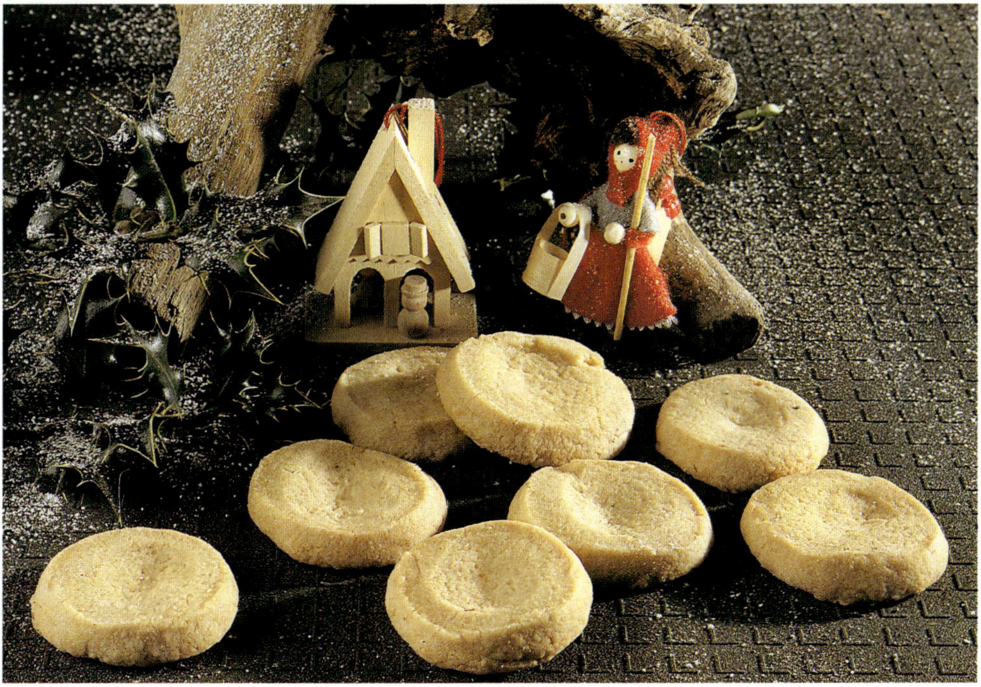

VANILLEKIPFERL
(Eigelbverwertung)

Kühlzeit: ca. ½ Std.
Backofen auf 180° C vorheizen
Backzeit: 20 Min.

Für den Teig:
300 g Mehl
125 g Zucker, 1 Prise Salz
Mark von 1 Vanilleschote
2 Eigelb
200 g kalte Butter
100 g abgezogene gemahlene
Mandeln

Außerdem:
2 Päckchen Vanillezucker

1. Mehl auf ein Backbrett
sieben und eine Vertiefung
hineindrücken. Zucker,
Salz, Vanillemark und Ei-
gelbe hineingeben und zu-
sammen mit einem Teil
des Mehls zu einem dik-
ken Brei verrühren.
2. Butter in Flocken sowie
Mandeln hinzufügen und
alles rasch zu einem glatten Teig verkneten.
3. Den Teig zu Rollen (ca.
2 cm ø) formen und abge-
deckt für etwa ½ Stunde
kalt stellen.
4. Ein Backblech mit
Backpapier auslegen. Die
Rollen in nußgroße Stücke
schneiden und diese zu fin-
gerdicken Hörnchen (Kip-
ferln) formen.
5. Die Kipferln nicht zu
dicht auf das Blech legen
und etwa 20 Minuten bak-
ken. Sie noch heiß in Vanillezucker wälzen.
(auf dem Foto: oben)

SCHMALZNÜSSE

Kühlzeit: ca. 1 Std.
Backofen auf 200° C vorheizen
Backzeit: ca. 10 Min.

150 g Schweineschmalz
150 g Zucker
1 Päckchen Vanillezucker
250 g Mehl
50 g Speisestärke
1 TL Backpulver

1. Das Schmalz in einem
Topf erwärmen, bis es flüssig ist. Etwas abkühlen lassen. Zusammen mit Zuk-
ker und Vanillezucker
schaumig rühren.
2. Mehl mit Stärkemehl
und Backpulver mischen
und zu der schaumig ge-
rührten Masse geben. Al-
les gut miteinander verkneten und 1 Stunde kalt stellen.
3. Ein Backblech mit
Backpapier auslegen. Den
Teig zu Rollen formen,
Scheiben abschneiden
und zu walnußgroßen glat-
ten Kugeln drehen. Auf
das Blech legen. Die
Schmalznüsse etwa 10 Mi-
nuten backen.
(auf dem Foto: Mitte)

MARILLENRINGE
(Eigelbverwertung)

Kühlzeit: mind. 1 Std.
Backofen auf 200° C vorheizen
Backzeit: 8–10 Min.

Für den Teig:
250 g weiche Butter oder
Margarine
120 g Zucker
abgeriebene Schale von
1 unbehandelten Zitrone
1 Prise Salz
1 Eigelb
400 g Mehl

Außerdem:
Aprikosenmarmelade
Puderzucker

1. Fett und Zucker verrühren. Zitronenschale, Salz
und Eigelb hinzufügen.
Das Mehl darunterarbeiten
und alles gut durchkneten.
Mindestens 1 Stunde ab-
gedeckt kalt stellen.
2. Ein Backblech mit
Backpapier auslegen. Den
Teig nicht zu dünn ausrollen und gleich viele runde
Plätzchen und Ringe aus-
stechen.
3. Die Plätzchen auf das
Blech legen und 8 bis
10 Minuten backen. Sie
danach etwas abkühlen
lassen.
4. Die vollen Plätzchen
mit Marmelade bestrei-
chen, die Ringe darauf setzen und Puderzucker darü-
berstreuen.
(auf dem Foto: unten)

KARLSBADER ZITRONENRINGE

NUSSECKEN

Kühlzeit: mind. 1 Std.
Backofen auf 200° C vorheizen
Backzeit: 8–10 Min.

Für den Teig:

150 g weiche Butter oder
Margarine

100 g Zucker

abgeriebene Schale von
1 unbehandelten Zitrone

1 TL Zitronensaft

100 g abgezogene
gemahlene Mandeln

150 g Mehl

Außerdem:

Johannisbeergelee

100 g Puderzucker

2 EL Zitronensaft

1. Fett und Zucker verrühren. Salz, Zitronenschale und -saft hinzufügen. Mit Mandeln und Mehl gut verkneten. Mindestens 1 Stunde abgedeckt kalt stellen.
2. Ein Backblech mit Backpapier auslegen. Den Teig ausrollen und gleich viele runde Plätzchen und Ringe ausstechen.
3. Die Plätzchen auf das Blech legen und 8 bis 10 Minuten backen. Abkühlen lassen.
4. Die vollen Plätzchen mit Gelee bestreichen und die Ringe darauf setzen. Puderzucker und Zitronensaft verrühren und auf die Ringe streichen.
(auf dem Foto oben)

Kühlzeit: ca. 1 Std.
Backofen auf 200° C vorheizen
Backzeiten: ca. 8 und 15 Min.

Für den Teig:

500 g Mehl

1 TL Backpulver

200 g Zucker

1 Päckchen Vanillezucker

1 Prise Salz

5 Eigelb

250 g kalte Butter oder
Margarine

Für die Nußmasse:

5 Eiweiß

300 g Zucker

250 g gemahlene Haselnüsse

1 EL Mehl

Für den Guß:

25 g Palmin

200 g Puderzucker

30 g Kakao

1. Mehl und Backpulver mischen und auf ein Backbrett sieben. In die Mitte eine Vertiefung drücken. Zucker, Vanillezucker, Salz und Eigelbe hineingeben und mit einem Teil des Mehls zu einem dicken Brei verrühren.
2. Butter oder Margarine in Flöckchen auf dem Mehlrand verteilen und alles zu einem glatten Teig verkneten. Abgedeckt für etwa 1 Stunde kalt stellen.
3. Ein Backblech mit Backpapier auslegen und den Mürbeteig darauf in

Blechgröße ausrollen. Dabei ein feuchtes Tuch unter das Blech legen, damit es beim Ausrollen nicht verrutscht.
4. Den Teig etwa 8 Minuten vorbacken. Den Backofen danach auf 180° C herunterschalten.
5. Für die Nußmasse die Eiweiße zu steifem Schnee schlagen. Zucker, Nüsse und Eischnee in einem Topf unter kräftigem Rühren aufkochen lassen.
6. Sofort das Mehl unterrühren und die Masse schnell, am besten mit einem langen Messer, auf den vorgebackenen Teig streichen. Etwa ¼ Stunde backen. Teig und Nußmasse sollten hell bleiben.
7. Für den Guß das Palmin so lange erwärmen, bis es flüssig ist. Puderzucker und Kakao mischen und mit dem Palmin zu einem glatten Guß verrühren. Wenn er zu dickcremig ist, etwas heißes Wasser hinzufügen.
8. Das Gebäck etwas abkühlen lassen und in nicht zu große Dreiecke schneiden. Die Ecken oder die Kanten mit dem Guß bestreichen.
(auf dem Foto unten)

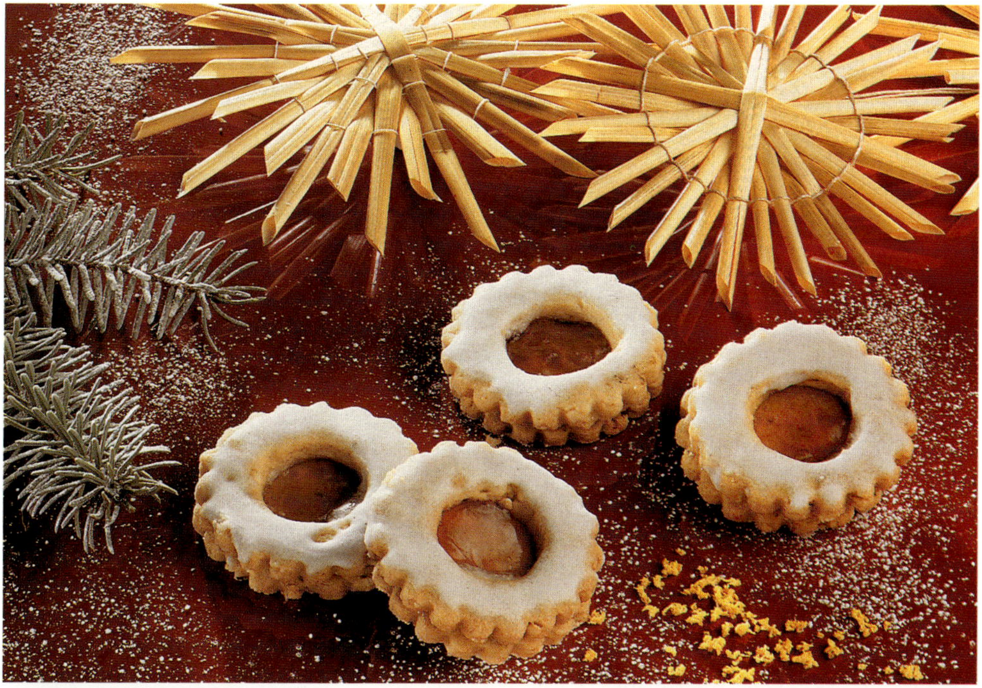

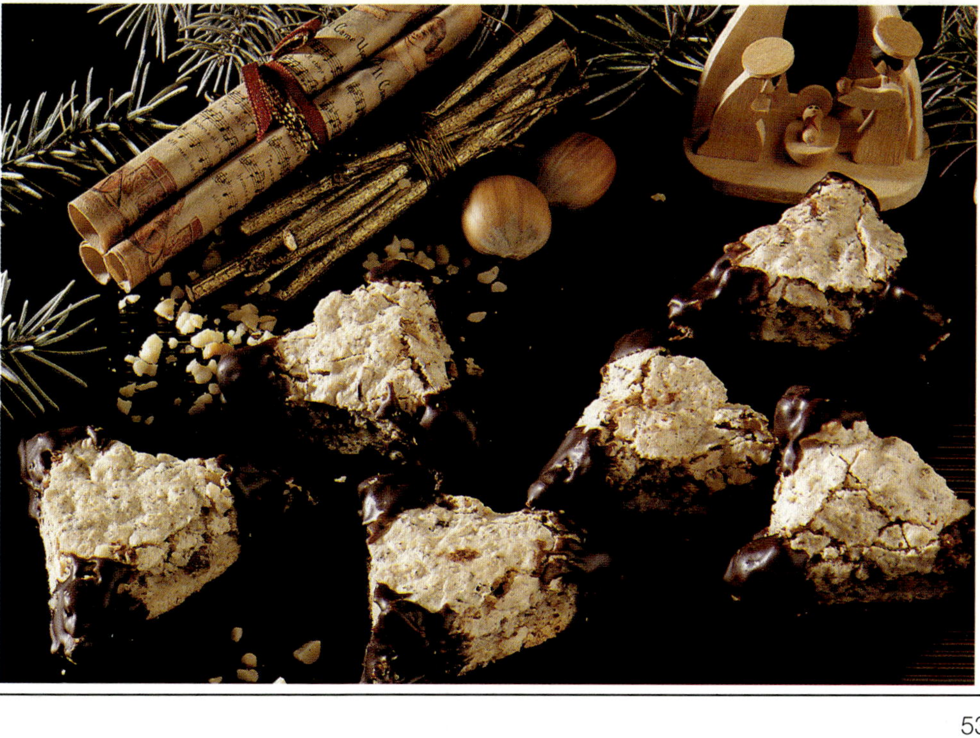

FLORENTINER SCHNITTEN

(Eigelbverwertung)

Kühlzeit: ca. 1 Std.
Backofen auf 200˚ C vorheizen
Backzeiten: ca. 8 und 15 Min.

Für den Teig:

250 g Mehl, 1 TL Backpulver

80 g Zucker

1 Prise Salz

1 Ei

2 EL Milch

100 g kalte Butter oder
Margarine

Für den Belag:

80 g Butter

50 g Honig

80 g Zucker

1 Päckchen Vanillezucker

100 g gewürfeltes Zitronat

100 g gewürfeltes Orangeat

abgeriebene Schale von

1 unbehandelten Orange

2 EL süße Sahne

2 Eigelb

250 g abgezogene gehackte
Mandeln

2 EL Speisestärke

Für den Guß:

25 g Palmin

200 g Puderzucker

3 EL Kakao

1. Mehl und Backpulver mischen und auf ein Backbrett sieben. In die Mitte eine Vertiefung drücken. Zucker, Salz, Ei und Milch hineingeben und mit einem Teil des Mehls zu einem dicken Brei verrühren.
2. Das Fett in Flöckchen auf den Mehlrand verteilen und alle Zutaten zu einem glatten Teig verkneten, abgedeckt für etwa 1 Stunde kalt stellen.
3. Ein Backblech mit Backpapier auslegen. Den Mürbeteig in Blechgröße dünn ausrollen, auf das Blech legen und etwa 8 Minuten vorbacken. Den Backofen danach auf 180˚ C herunterschalten.
4. Für die Florentinermasse Butter in einem Topf bräunen. Abkühlen lassen. Sobald sie lauwarm ist, nach und nach Honig, Zucker, Vanillezucker, Zitronat, Orangeat, Orangenschale, Sahne und Eigelbe darunterrühren.
5. Zuletzt Mandeln und Stärkemehl dazugeben, alles gut mischen und mit einem langen Messer auf den vorgebackenen Teig streichen. Etwa ¼ Stunde backen.
6. Für den Guß das Palmin so lange erwärmen, bis es flüssig ist. Zucker und Kakao mischen und mit dem Palmin zu einem glatten Guß verrühren. Wenn er zu dickcremig ist, etwas heißes Wasser hinzufügen.
7. Das Gebäck etwas abkühlen lassen, dann in kleine Quadrate schneiden. Die Ecken mit dem Guß bestreichen.

LINZER SCHNITTEN

(Eigelbverwertung)

Kühlzeit: mind. 1 Std.
Backofen auf 175° C vorheizen
Backzeit: 30–40 Min.

Für den Teig:

je 140 g Mehl, Butter, Zucker
und abgezogene gemahlene
Mandeln
3 Eigelb
50 g geriebene bittere
Schokolade
je 1 Prise Salz, Zimt und
gemahlene Nelken
abgeriebene Schale von
1 unbehandelten Zitrone

Zum Bestreichen:

Johannisbeermarmelade

1. Mehl, Butter und Zuk-
ker abbröseln. Alle weiteren Teigzutaten dazuge-
ben und alles zu einem
glatten Teig verkneten. Abgedeckt für mindestens
1 Stunde kalt stellen.
2. Ein Backblech mit
Backpapier auslegen.
Zwei Drittel des Teigs zu einem Rechteck dünn aus-
rollen, auf das Blech legen
und reichlich mit Marmelade bestreichen.
3. Den restlichen Teig
ebenfalls dünn ausrollen,
in schmale Streifen schneiden und als Gitter schräg
auf die Marmelade legen.
4. 30 bis 40 Minuten
backen. Nach dem Erkal-
ten in kleine Rechtecke
schneiden.
(auf dem Foto: unten)

LÜBECKER LECKERLI

(Eigelbverwertung)

Backofen auf 175° C vorheizen
Backzeit: 15–20 Min.

Für die Füllung:

150 g Marzipanrohmasse
75 g Puderzucker
1 Eigelb

Für den Teig:

250 g Butter oder Margarine
1 Päckchen Vanillezucker
100 g Puderzucker
250 g Speisestärke
75 g Mehl
3 EL Kakao
1 Msp. Zimt
1 Msp. gemahlene Nelken

Für den Guß:

200 g Puderzucker
3–4 EL Rum

Für die Verzierung:

100 g Walnußkerne

1. Zuerst die Füllung zu-
bereiten. Dafür Marzipan,
Puderzucker und Eigelb
verkneten. Die Masse mit
angefeuchteten Händen
zu pfenniggroßen Kugeln
formen und beiseite stellen.
2. Für den Teig das Fett
schaumig rühren und Vanil-
le- und Puderzucker dazu-
geben. Stärkemehl, Mehl,
Kakao und Gewürze mi-
schen, darunterrühren und
alles gut verkneten.
3. Aus dem Teig Rollen
(ca. 2 cm ø) formen und
1 cm dicke Scheiben ab-
schneiden. Auf jede Schei-

be ein Marzipankügelchen
legen und den dunklen
Teig darüberziehen. Zu Kugeln formen.
4. Ein Backblech mit
Backpapier auslegen, die
Kugeln darauf setzen und
15 bis 20 Minuten backen.
5. Für den Guß Puder-
zucker und Rum glatt ver-
rühren. Die gebackenen
Kugeln damit überziehen
und jeweils mit einer Walnuß „krönen".
(auf dem Foto: oben)

── FEINSCHMECKER-TIP ──

Mögen Sie es nicht so
süß, dann verzichten
Sie auf die Rumglasur
und die Walnuß.

HELLES SPRITZGEBÄCK

(Eigelbverwertung)

Backofen auf 200° C vorheizen
Backzeit: ca. 8–10 Min.

125 g weiche Butter oder Margarine
125 g Puderzucker
3 Eigelb
1 Prise Salz
1 Päckchen Vanillezucker
abgeriebene Schale von 1 unbehandelten Zitrone
250 g Mehl

1. Fett und Puderzucker schaumig rühren. Eigelbe, Salz, Vanillezucker, Zitronenschale hinzufügen und zuletzt das Mehl darunterrühren.
2. Ein Backblech mit Backpapier auslegen. Den Teig in eine Teigspritze mit gezackter Tülle füllen und beliebige Formen, zum Beispiel S-Formen, Kränze, Streifen, auf das Blech spritzen. Die Plätzchen 8 bis 10 Minuten backen.
(auf dem Foto: oben)

DUNKLES SPRITZGEBÄCK

(Eigelbverwertung)

Backofen auf 200° C vorheizen
Backzeit: 8–10 Min.

Für den Teig:

100 g Haselnüsse
125 g weiche Butter oder Margarine
125 g Puderzucker
3 Eigelb
1 Prise Salz
1 Päckchen Vanillezucker
2½ EL Kakao
200 g Mehl

Für den Guß:

25 g Palmin
150 g Puderzucker
1 EL Kakao

1. Die Nüsse unter häufigem Wenden in einer trockenen Pfanne rösten. Danach abkühlen lassen und mahlen.
2. Fett und Puderzucker schaumig rühren. Eigelbe, Salz, Vanillezucker, Kakao, Nüsse und zuletzt das Mehl unterrühren.
3. Ein Backblech mit Backpapier auslegen. Den Teig in eine Teigspritze mit gezackter Tülle füllen und beliebige Formen auf das Blech spritzen: S-Formen, Katzenzungen, herzförmige, runde oder dreieckige Kringel, Hufeisen oder Hörnchen. Die Plätzchen 8 bis 10 Minuten backen.
4. Das Palmin erwärmen, bis es flüssig ist. Zucker und Kakao mischen und mit dem Palmin zu einem glatten Guß verrühren. Wenn er zu dick ist, noch etwas heißes Wasser hinzufügen. Die noch warmen Plätzchen jeweils zur Hälfte damit bestreichen oder halb hineintauchen.
Das Spritzgebäck kann auch vor dem Backen mit Eigelb bestrichen und mit Hagelzucker, bunten Streuseln oder Mandelsplittern bestreut werden.
(auf dem Foto: unten)

— FEINSCHMECKER-TIP —

Wenn Sie den Teig würziger mögen, fügen Sie noch 1 TL Kardamom, 1 TL gemahlenen Ingwer und 1 Prise geriebene Muskatnuß hinzu.

FRIESEN-HALBMONDE

(Eigelbverwertung)

Kühlzeit: ca. 1 Std.
Backofen auf 180° C vorheizen
Backzeit: 15–20 Min.

Für den Teig:

300 g Mehl

½ TL Backpulver

90 g Zucker, 1 Prise Salz

2 Eigelb

200 g kalte Butter

Für die Füllung:

½ Glas Pflaumenmus

2 EL Kondensmilch

Außerdem:

1 Eigelb

etwas Kondensmilch

Hagelzucker

1. Mehl und Backpulver auf ein Backbrett sieben. Zucker, Salz, Eigelbe und die Butter in Flöckchen darauf geben. Alles zu einem glatten Teig verkneten. Abgedeckt etwa 1 Stunde kalt stellen.
2. Ein Backblech mit Backpapier auslegen. Den Teig gut messerrückendick ausrollen und runde Plätzchen (ca. 8 mm ø) ausstechen.
3. Jeweils in die Mitte etwas Pflaumenmus geben, die Ränder mit Kondensmilch bestreichen und die Plätzchen zu Halbmonden zusammenklappen. Die offenen Ränder mit einer bemehlten Gabel zusammendrücken. Auf das Blech legen.

4. Eigelb mit etwas Kondensmilch verquirlen, die Halbmonde damit bestreichen, mit Zucker bestreuen. 15 bis 20 Minuten backken.
(auf dem Foto oben: links)

ORANGENZUNGEN

(Eigelbverwertung)

Ruhezeit: ca. 3 Std.
Backofen auf 180° C vorheizen
Backzeit: ca. ¼ Std.

4 Eier, 2 Eigelb

300 g Zucker

1 Päckchen Vanillezucker

abgeriebene Schale von je

1 unbehandelten Zitrone und

Orange

75 g gewürfeltes Orangeat

200 g Mehl

1. Eier, Eigelbe, Zucker und Vanillezucker cremig rühren. Zitronen- und Orangenschale, Orangeat und Mehl darunterrühren.
2. Ein Backblech mit Backpapier auslegen. Den Teig in eine Teigspritze mit glatter Tülle füllen und längliche „Zungen" auf das Blech spritzen.
3. Die Plätzchen 3 Stunden ruhen lassen, anschließend etwa ¼ Stunde backken.
(auf dem Foto oben: rechts)

SCHWEIZER NUSSTALER

Kühlzeit: mind. 1 Std.
Backofen auf 220° C vorheizen
Backzeit: ca. 10 Min.

Für den Teig:

125 g Haselnüsse

250 g Mehl

100 g Speisestärke

1 TL Backpulver

100 g Puderzucker

1 Päckchen Vanillezucker

1 Prise Salz

250 g Margarine

Außerdem:

75 g Zucker

1 EL Kakao

etwas Milch

1. Die Haselnüsse in einer trockenen Pfanne rösten und danach mahlen. Mit Mehl, Stärkemehl und Backpulver mischen.
2. Alle übrigen Teigzutaten hinzufügen und alles rasch zu einem glatten Teig verkneten. Daraus vier Rollen (ca. 3 cm ø) formen und im Kühlschrank fest werden lassen.
3. Ein Backblech mit Backpapier auslegen. Zucker und Kakao mischen. Die kalten Teigrollen rundherum mit Milch bestreichen und in dem Zucker-Kakao-Gemisch wälzen.
4. Die Rollen in etwa ½ cm dicke Scheiben schneiden, diese auf das Blech legen und etwa 10 Minuten backen.
(auf dem Foto unten)

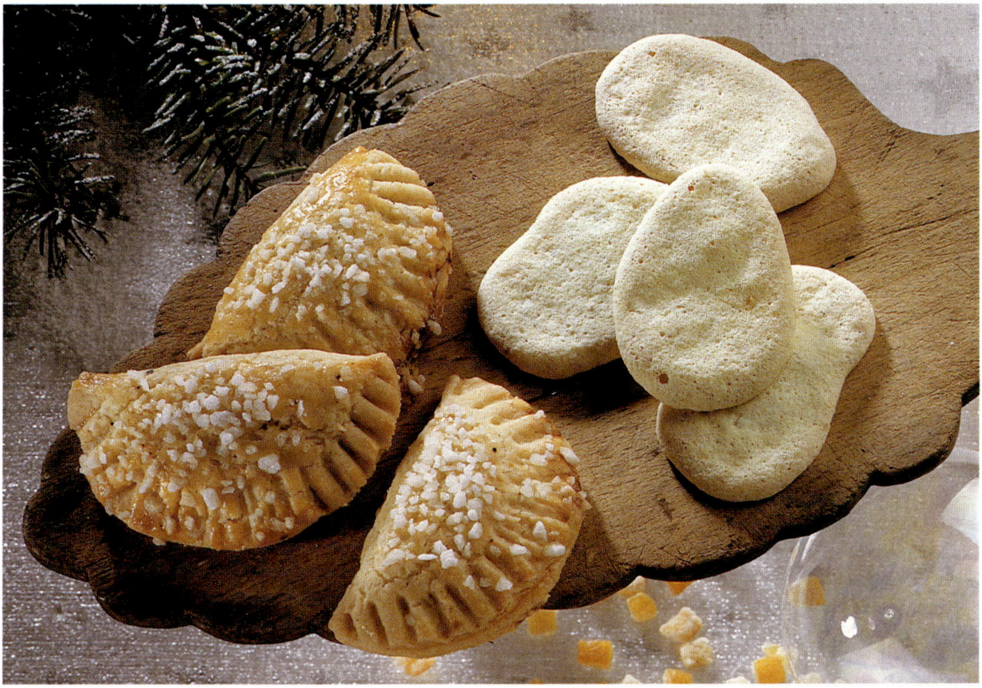

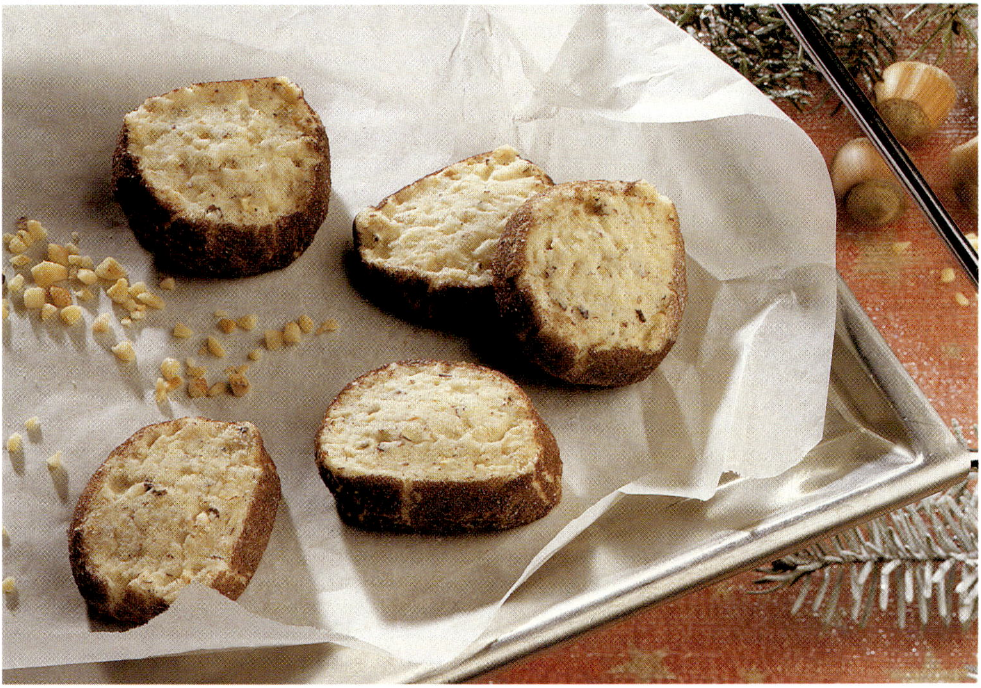

MÜRBETEIGTALER MIT HASELNUSSSCHNEE

Kühlzeit: mind. 1 Std.
Backofen auf 200˚ C vorheizen
Backzeiten: 8–10 und
20–25 Min.

Für den Teig:

250 g Mehl

65 g Zucker

1 Päckchen Vanillezucker

1 Prise Salz

2 Eigelb

1 EL Rum

125 g kalte Butter oder
Margarine

Für den Haselnußschnee:

200 g Puderzucker

100 g gemahlene Haselnüsse

2 Eiweiß

Außerdem:

Pflaumenmus

1. Das Mehl auf ein Back-brett sieben und in die Mit-te eine Vertiefung drücken. Zucker, Vanillezucker, Salz, Eigelbe und Rum hineinge-ben und alles mit einem Teil des Mehls zu einem dicken Brei verrühren.

2. Das Fett auf den Mehl-rand würfeln, alles rasch zu einem glatten Teig ver-kneten und ihn abgedeckt für etwa 1 Stunde kalt stellen.

3. Für den Nußschnee Zucker mit den Haselnüs-sen mischen. Die Eiweiße

sehr steif schlagen und den Haselnußzucker einrie-seln lassen. Den Schnee kalt stellen.

4. Ein Backblech mit Backpapier auslegen. Den Mürbeteig dünn ausrollen, runde Plätzchen aussste-chen, auf das Blech legen und 8 bis 10 Minuten bak-ken. Danach den Back-ofen auf 150° C herunter-schalten.

5. Die Plätzchen etwas abkühlen lassen und mit Pflaumenmus bestreichen. Je ein Häufchen Nuß-schnee darauf geben und Plätzchen 20–25 Minuten im Ofen trocknen lassen.

Rezeptverzeichnis

Abkürzungen und Symbole

EL	=	(gestrichener) Eßlöffel
TL	=	(gestrichener) Teelöffel
cl	=	Zentiliter
g	=	Gramm
Min.	=	Minute
Std.	=	Stunde
Msp.	=	Messerspitze
mind.	=	mindestens
ca.	=	zirka
°C	=	Grad Celsius
o	=	Durchmesser

Markierungen im Rezeptverzeichnis

* = nicht sehr arbeits-
aufwendige Zubereitung

= Rezepte für die
Eigelbverwertung

= Rezepte für die
Eiweißverwertung

Zum Thema Backen sind im FALKEN Verlag
weitere Bücher erschienen. Fragen Sie Ihren
Buchhändler.

ISBN 3 8068 1287 X

© 1992/1995 by Falken-Verlag GmbH,
65527 Niedernhausen/Ts.

Umschlaggestaltung: Andreas Jacobsen
Nachauflagenredaktion: Birgit Wenderoth
Titelbild und Fotos: Anschlag & Goldmann,
Borken
Titelfoto: Nürnberger Lebkuchen S. 20,
Heller Lebkuchenstiefel S. 22,
Kleeblattmakrone S. 34, Adventsstern S. 34,
Helles Spritzgebäck S. 58
Gesamtkonzeption: Falken-Verlag GmbH,
D-65527 Niedernhausen/Ts.

817 2635